OPÇÕES DE COMPRA E DE VENDA

RENATO OURIVES NEVES

OPÇÕES DE COMPRA E DE VENDA
CALL E *PUT*

Del Rey Editora

Belo Horizonte
2016

Impresso no Brasil | *Printed in Brazil*

EDITORA DEL REY LTDA.
www.livrariadelrey.com.br

Editor: Arnaldo Oliveira

Editor Adjunto: Ricardo A. Malheiros Fiuza

Editora Assistente: Waneska Diniz

Coordenação Editorial: Wendell Campos Borges

Diagramação: Lucila Pangracio Azevedo

Revisão: Cybele Maria

Capa: CYB Comunicação

Editora / MG
Rua dos Goitacazes, 71 – Sala 709-C – Centro
Belo Horizonte – MG – CEP 30190-050
Tel: (31) 3284-5845
editora@delreyonline.com.br

N518o Neves, Renato Ourives

Opções de compra e de venda: call e put. / Renato Ourives Neves. Belo Horizonte: Del Rey, 2016.

xvi + 152 p.

ISBN: 978-85-384-0426-2

1. Opção de compra e venda. 2. Contrato. I. Título.

CDU: 347.44

Nilcéia Lage de Medeiros
Bibliotecária – CRB6: 1545

Para Gabriela, minha filha,
como incentivo à sua ousadia criativa;
para meus pais, Nilo e Violeta,
como resposta a tudo que são;
para a Jerusa,
porta-voz de meus limites;
para meu irmão Leandro,
superego de minhas elucubrações,
para o Prof. Dr. Ricardo Brasileiro,
o primeiro a acreditar na viabilidade do tema e
para Emílio e Ana Luiza,
incansáveis incentivadores deste trabalho.

SUMÁRIO

PREFÁCIO

"Se nos fosse dado pela abundância de recursos e por conveniências moral e social - viver à moda hedonista, de Epicuro, o Direito não teria a mínima razão de ser, pois, inexistiriam contingências a serem corrigidas. Contudo, a realidade é de escassez e impotência diante dos desejos infinitos lastreados na natureza humana e pelas marchas das perenes contingências da vida" . Com estas afirmações, parece que o autor, Dr. Renato Ourives Neves estaria iniciando seu livro, procurando mais respaldo filosófico do que jurídico para o *Contrato de Opção*. No entanto, tal não ocorre, pois, quando assim escreveu, já estava a caminhar para o final da valiosa obra, que, sob o aspecto jurídico, mais oportuna e valiosa se torna, quando, antes, no desenrolar do trabalho, a preocupação foi situar o *Contrato de Opção* na Teoria Geral do Direito, sobretudo na parte de fundamentação e qualificação dos contratos.

Conforme o próprio autor reconhece, a *Opção* não é bem destacada em nosso direito positivo, não se usando nem tal denominação para tipificá-lo, ficando sobretudo a doutrina com a função de lhe dar os contornos determinados de figura contratual autônoma.

Em perfeita correção de método, o autor procura, antes de falar em opção, estabelecer as características próprias onde possa incluir a *Opção*. Para tanto, o autor a examina não apenas do ângulo do Direito Civil e da Teoria Geral dos Contratos, mas também do Direito Empresarial, Societário e Processual, dando ênfase a sua condição de contrato aleatório.

Senti que o autor não enfatiza muito a idéia da natureza preliminar do contrato, preferindo, às vezes, emprestar-lhe a qualidade de *derivativo,* já que, para se formar, utiliza-se outro contrato como objeto. Se assim entendeu, particularmente, penso que o pensamento está correto. A ideia de *contrato preliminar* nunca me foi simpática, pois, se tem ele por objeto a obrigação de contratar, tal objeto tem autonomia e não lhe empresta nenhuma característica acessória.

Ao se cuidar da classificação dos contratos em bilaterais e unilaterais, o autor toma, com o respaldo doutrinário, a *unilateralidade* como característica própria da *Opção* e, daí, nasce a segurança com que vem a situar a *álea* no instituto, e da presença dela, no contrato, os efeitos fundamentais da impossibilidade de *revisão* e de *arrependimento*, demonstrando, com maestria, a coexistência destes com aquela.

Com bastante clareza, o autor faz a distinção entre *opção* e simples negociação, dando àquela a fundamentação básica de cumprimento obrigacional que pode atingir-se por meios processuais.

No que diz respeito à Teoria Geral dos Contratos, o autor, com muita propriedade, discute sobre o tema da *incompletude* e procura soluções lógicas para os *contratos de opção* com interpretação do direito brasileiro de acordo com obras universais de grandes cientistas do direito, citando, dentre vários, Francesco Carnellutti, Norberto Bobbio, Cariota Ferrara e Carlos Mário da Silva Pereira, ressaltando sobretudo os princípios da *boa-fé* e da *probidade* como norte da formação cada vez mais próxima do direito justo.

Por fim, conforme se falou, o autor se dedica a dar fundamentação filosófica do instituto, o que, em época em se esquece tanto, faz aproximar o direito positivo do melhor sentido do *ius et aequo,* nas melhores lições de filósofos do Direito, a exemplo dos citados Javier Hervada e Michel Villey.

Estas são apenas parte das razões que me levam, modestamente, a recomendar o livro. Em sentido mais amplo, pode-se dizer que quem o ler, certamente, encontrará elementos valiosos à sedimentação de conhecimentos jurídicos.

Fiquei muito honrado pelo convite de prefaciar este substancioso trabalho, mas muito mais fui gratificado em ser um dos primeiros a conhecê-lo.

O Dr. Renato Ourives, embora seja seu primeiro livro, na verdade, não pode ser tratado como principiante. Faz ele, naturalmente, parte desta plêiade de jovens juristas que vêm dar sequência ao Direito Brasileiro no campo doutrinário.

Tenho certeza de que o Prof. Renato não ficará estacionado nesta obra que já o recomenda. Espero que outras virão com o mesmo brilhantismo, conhecimento e inteligência desta que, agora, vem a lume, principalmente no campo das matérias que se dotam de complexidade e que estão a exigir cuidadoso estudo na aplicação prática do direito e na realização da justiça.

Ernane Fidelis dos Santos

Advogado. Desembargador aposentado do Tribunal de Justiça do Estado de Minas Gerais. Foi professor de Direito Processual Civil e do Curso de Especialização de Direito Processual na Faculdade de Direito da Universidade Federal de Uberlândia. Membro da Academia Mineira de Letras Jurídicas.

APRESENTAÇÃO

O Dr Renato Ourives Neves, eu o conheci há muitos anos. Éramos, ambos, jovens, ele um tanto mais do que eu. Nosso encontro se deu no então único *campus* da Pontifícia Universidade Católica de Minas Gerais, no bairro Dom Cabral, em Belo Horizonte. Estreante no magistério, tive em Renato o aluno envolvido e dedicado. Fui reencontrá-lo em Governador Valadares/MG, já quando ele, advogado militante e combativo, fora despachar um processo da vara de que eu era o titular. Foi, para mim, a primeira oportunidade de contato com a seriedade do profissional, a dedicação do causídico. Já nem sei mais se, na oportunidade, foi feliz ou não no seu desiderato particular, pois ele mesmo nunca valorizou esse detalhe. Por outras tantas vezes encontrei-o nos pretórios, destacando-se pela maneira de enfrentar as questões jurídicas, muito longe da mediocridade; mostrou-se, sempre, o pensador, o crítico, embora sem qualquer pedantismo ou falta de objetividade e senso prático. Certamente amargou insucessos judiciais, mas seus êxitos estão em muito maior escala estatística. De certa feita, embora não compondo a turma julgadora, vi-o, vibrátil e convicto, na tribuna, virar um julgamento no Tribunal de Justiça de Minas Gerais. É que o Dr Renato defende sempre o que acredita, no âmbito do que conhece; se peticiona, argumenta não só para encher páginas, mas com vontade de acertar, com o coração. Seu escritório, aberto em 1995, de tão discreto, quase que cabe em sua valise; não é de propagandas ou vitrines. Milita marcadamente na área do Direito dos Negócios – como gosta de referir – do agronegócio, em especial, matéria e crença que o fazem correr este Brasil e o exterior. Modesto, nunca se jacta da carteira de clientes.

Nascido no aconchegante bairro da Sagrada Família, em Belo Horizonte, autêntico mineiro, Renato Ourives Neves tem nas veias, do lado paterno, a diamantina tenacidade da tradição tejucana mineira e, do ramo materno, toda a generosidade e a fibra libanesas. Ocupando-se da vida privada, à sombra do sadio exemplo dos pais, estendeu seus laços familiares com esposa e filha.

Renato Ourives Neves não é daqueles fadados ao sucesso. A ele essa assertiva, embora possa parecer muito apropriada, não é exata: considero-o fadado ao empenho e à luta, sendo o sucesso apenas um merecido consectário. No campo do Direito, fez-se por si, exclusivamente pelo cultivo de suas qualidades intelectuais e morais, depurando da vida o que eventualmente se possa dizer prurido. Foi aluno muito interessado e crítico, características que, acredito, lhe são ínsitas, pois, passados tantos anos desde nosso convívio escolar, vejo, no homem maduro e já profissional um tanto experiente o aperfeiçoado perfil daquele aluno imberbe que, como os colegas, suportava-me nas aulas de Direito Romano.

Sua profícua advocacia não o impediu de retomar a vertente acadêmica de seu espírito inquiridor, depois de já ter experimentado a docência, por concurso, na Universidade Federal de Ouro Preto (UFOP). Também, experimentou rápida passagem pela Universidade de Paris para estudo avulso do *Droit Commercial* e, mais especificamente, do *Droit des Affaires* (Direito dos Negócios). Tomou, com muito aproveitamento, o grau de mestre, com a dissertação "*Incompletudes do Contrato de Opção e Soluções à luz do Direito Empresarial*", tema praticamente inédito entre nós.

E não lhe bastando o quanto vivido, também investiu no campo da prática da judicatura privada, sendo hoje árbitro acreditado junto à CAMINAS.

A propósito de fatos tumultuários recentes na história brasileira, o "Caso Pasadena", Renato foi buscar material para esclarecer-nos como se dão os negócios mais sofisticados, como se perfazem as avenças à luz de instrumentos contratuais modernos e adequados às realidades contemporâneas. Discute, em diálogo proveitoso, as possibilidades desse novo universo do direito empresarial e do direito internacional, neste seu "Opções de Compra e de Venda *Call* e *Put*".

Da matéria que agora traz a lume, nada posso afiançar, porque, como muitos, sou mais um aprendiz a partir da leitura desta obra que aqui sai fresca do prelo. Do seu autor, contudo, posso dizer das qualidades que o acreditam como um profundo pesquisador e atento observador das demandas práticas. Vê-se, logo, que não escreve pelo dever de cumprir metas acadêmicas, a famigerada produtividade que tanto macula o lavor intelectual, seja nas cátedras universitárias, seja nas judiciais.

Saúdo, então, o leitor por tomar conhecimento de matéria tão especializada pelas mãos de quem tem a cabeça metida nisso, de quem convive com esses contratos tanto complexos quanto importantes, mas que, sobretudo, de quem é compenetrado estudioso dos meandros jurídicos dessa modalidade e, com a generosidade que até então só os mais próximos experimentavam, compartilha muito desapegadamente o conhecimento amealhado a respeito.

Nesta obra de estreia, tem-se não só o testemunho profissional e acadêmico do autor, mas o produto, vitorioso, também de suas assumidas derrotas e frustrações, mostrando o que aprendeu.

Eis uma apertada notícia sobre o homem, circunstante autor a dar sentido à sua despretensiosa vertente de mestre seguro. E para aprender com ele, basta-nos, digerindo-lhe a obra, enfrentar-lhe as ideias.

Destas Minas alterosas, sem as águas de março e confundido neste inverno-verão, subscrevo,

Osvaldo Oliveira Araújo Firmo

Especialista e mestre em Direito Constitucional pela Faculdade de Direito da Universidade Federal de Minas Gerais – Brasil; Especialista e mestre em Ciências Jurídico-Políticas pela Faculdade de Direito da Universidade de Lisboa – Portugal; Professor de Direito Constitucional da Faculdade de Direito do Centro Universitário UNA, *Campus* Aimorés – Belo Horizonte/MG; Ex Juiz Auxiliar do Supremo Tribunal Federal; Desembargador do Tribunal de Justiça do Estado de Minas Gerais, com assento na 7ª Câmara Cível (direito público), Unidade Goiás.

NOTA DO AUTOR

É necessário advertir que o contrato unilateral é aquele pelo qual uma só parte tem obrigação. Na Opção de Compra, a *Call*, o outorgante se compromete a firmar o contrato definitivo, por meio de promessa irretratável e irrevogável de venda (*lato sensu*), enquanto o outorgado tem o direito potestativo – faculdade – de firmá-lo ou não, ou seja, poderá decidir, no prazo de exercício, se comprará ou não. Na Opção de Venda, a *Put*, o outorgante se compromete a firmar o contrato definitivo de compra (*lato sensu*), por meio de promessa irretratável e irrevogável de compra, enquanto o outorgado tem o direito potestativo de vender ou não. Esta última modalidade de Opção é que implicou no dever de a Petrobras (devedora da *Put*) comprar da Astra Oil (credora da *Put*) as ações da Companhia Pasadena, por preço de exercício muito maior do que o conteúdo econômico que guardasse equivalência patrimonial com o valor real consentâneo ao momento do exercício. Esse caráter aleatório, que dispensa equivalência patrimonial, é característica marcante da Opção. O exercício do direito de contratar (firmar o contrato definitivo) pelo credor da Opção (contrato preliminar), no prazo estabelecido, obriga o devedor a aceitar a prestação, independentemente de equivalência patrimonial, seja para comprar ou vender, além das diversas possibilidades que a Opção se aplica no mundo dos contratos, uma vez que não se restringe à compra e venda.

A legislação brasileira não abordou com necessário detalhamento o regime desta modalidade contratual. A Opção é contrato preliminar, unilateral e aleatório, pelo qual o devedor se obriga a firmar contrato definitivo, e o credor, por força da Opção, adquire o direito potestativo de firmá-lo ou não. O contrato preliminar não se confunde com o mero projeto de contrato ou com a fase negocial. Não raras vezes, deparamos com instrumentos intitulados Memorando de Entendimentos, Protocolo e Carta de Intenções, entre outras alcunhas que, em seu bojo, trazem verdadeira Opção, disfarçada em falsas condicionantes para a celebração do negócio, senão em concentração de prerrogativas e faculdades a somente uma das partes, enquanto a outra fica completamente vinculada. A intenção consubstanciada nas declarações de vontade, conforme dispõe o art. 112 do Código Civil, terá importância relevante nas soluções às incompletudes eventualmente notadas na Opção e incursões de índole econômica poderão ser demandadas no caso concreto, inclusive filosóficas.

I

O CONTRATO DE OPÇÃO

Não é tarefa simples qualificar o Contrato de Opção. Sérias dúvidas surgem sobre suas características de típico, preliminar, aleatório e unilateral.

Para elucidação das controvérsias em torno da Opção, merecem esclarecimentos as seguintes lacunas: i) em razão de a nomenclatura "Opção" não estar expressamente consignada na lei, mas, sim, decorrer de consagrada indicação consuetudinária e doutrinária, ainda assim seria contrato típico? ii) A utilização das Opções no mercado de valores mobiliários, cuja liquidação é financeira, sem menção a um contrato principal, mudaria sua natureza preliminar? iii) A existência do prêmio com pagamento diferido tornaria a Opção um contrato bilateral, permitindo ao devedor exigir o pagamento compulsório do valor do prêmio?

É certo que, dependendo da qualificação jurídica atribuída à Opção, os efeitos jurídicos podem variar, comprometendo a segurança em sua aplicação. É evidente também que a clareza do instrumento contribuirá sobremaneira para a preservação das expectativas das partes contratantes, mas, por outro lado, poderá desnaturar a Opção, transformando a tratativa em outro contrato, possivelmente atípico e despido dos contornos estruturais contemplados na doutrina da Opção. Exemplo claro de desnaturação da Opção é admitir retratação ou lhe atribuir comutatividade, na hipótese de se indicar que o preço de exercício será de acordo com o valor de mercado – que é diferente de indexar o preço do contrato definitivo a algum parâmetro de mercado – à época do exercício, subtraindo, assim, a álea que lhe é peculiar, pois, uma vez vinculado o preço ao valor de mercado, o contrato se torna comutativo.

1.1 NOMINALISMO CONSUETUDINÁRIO

No ordenamento jurídico brasileiro, em razão do aspecto topológico do art. 466 do Código Civil,[1] a nomenclatura clássica atrai relevante ponderação acerca da alcunha de Opção de Compra e Opção de Venda. É que referido contrato, de índole unilateral, mostra-se positivado no título *Do Contrato Preliminar* e não no título *Do Contrato de Compra e Venda*. Apesar do anglicanismo, as dicções *Call* e *Put*, consagradas nas experiências empresariais, mostram-se mais adequadas, pela abrangência, ao exprimir ambiente maior do que as meras possibilidades de compra e venda.

Tem relevância a nomenclatura corrente e consolidada no mundo dos negócios para a classificação do contrato como típico. Apesar de não conter taxativamente no texto legal a denominação "Contrato de Opção", tal nomenclatura já é consolidada no mundo dos negócios. Além disso, a sua construção esquematizada no Código Civil faz desse contrato típico e nominado. É o que nos ensina Orlando Gomes:

> A importância desta classificação, assim do ponto de vista teórico como prático, pede mais demorada atenção nas espécies que compreende. Os contratos típicos também chamados nominados, e os atípicos inominados, mas como essas expressões podem induzir a equívoco, porque tiveram significado diverso no Direito Romano, é preferível adotar a outra terminologia, de procedência alemã.
>
> A expressão contratos típicos designa os contratos esquematizados na lei, com denominação própria, formando espécies definidas. Dizem-se atípicos os que não se acham especificamente regulados.[2]

Portanto, estando a Opção devidamente esquematizada no ordenamento jurídico, assim como regulamentada e com nome consolidado consuetudinariamente, sua classificação é de típico e nominado.

---

1 Art. 466. Se a promessa de contrato for unilateral, o credor, sob pena de ficar a mesma sem efeito, deverá manifestar-se no prazo nela previsto, ou, inexistindo este, no que lhe for razoavelmente assinado pelo devedor.

2 GOMES, Orlando. *Contratos*. 6 ed. Rio de Janeiro: Forense, 1977, p. 100-101.

1.2 A ÁLEA INTRÍNSECA E A INSUSCETIBILIDADE DA REVISÃO CONTRATUAL

De autoria do Prof. Luiz Gastão Paes de Barros Leães, o artigo intitulado *A álea normal do contrato e o momento do exercício das opções* oferece valiosos subsídios para o desenvolvimento do raciocínio jurídico acerca dos contornos de segurança e eficácia das opções. Registre-se, em primeiro lugar, que se trata de um contrato preliminar e unilateral. Em segundo lugar, que se trata de um contrato aleatório. Ocorre que essas características – apesar de logicamente esquematizadas – não estão expressas no corpo da lei, com direcionamento endereçado ao Contrato de Opção. Também nota-se que não há clareza na distinção do contrato preliminar unilateral, de um modo geral, com o Contrato de Opção. Exige-se como requisito a este a irrevogabilidade, vale dizer, mesmo que o instrumento seja nominado como Opção, preliminar, unilateral e aleatório, se tiver cláusula de revogabilidade ou dispositivo que permita retratação, não será uma Opção.

Leães, quanto ao requisito de irrevogabilidade, nos ensina que:

> A habilitação para promover a resolução de um contrato de execução continuada ou diferida, admitida pelos arts. 478 a 480 do CC/2002, está condicionada à verificação de certos pressupostos ou condições, sem qual não há falar em excessiva onerosidade da prestação da parte postulante. Quer dizer, não basta para determinar a incidência dos dispositivos que a prestação se tenha agravado, mas que se tenha agravado excessivamente em decorrência de eventos extraordinários e imprevisíveis, ou seja, de acontecimentos que se situam fora da evolução regular dos fatos e excedem a área normal de risco do contrato.[3]

O autor ensina, ainda, que

> no âmbito das atividades empresariais, desenvolvidas em regime de risco econômico, esse tipo de exoneração só é de se cogitar quando a onerosidade excessiva deflui de evento extraordinário e imprevisível, como requer a lei, independentemente do grau de

[3] LEÃES, Luiz Gastão Paes de Barros. A álea normal do contrato e o momento do exercício das opções. *In*: WALD, Arnoldo (Coord.). *Direito empresarial*: sociedades anônimas. São Paulo: Revista dos Tribunais, 2011, p. 217.

sacrifício que imponha ao devedor e em reverência aos conceitos de certeza e segurança decorrentes da força obrigatória dos contratos. Um sistema que permitisse ao contraente liberar-se de seus compromissos quando se verificassem modificações econômicas que simplesmente os dificultassem sobremaneira, impondo-lhe sacrifícios, implicaria na subversão completa da ordem econômica e a conduziria a um nível de insegurança e imprevisibilidade comprometedora.[4]

No mesmo artigo de Leães, encontra-se a distinção dos efeitos da onerosidade excessiva entre os contratos bilaterais e unilaterais. Aqueles estariam suscetíveis à faculdade de o réu propor a modificação equitativa das condições, para evitar a resolução. Já nos contratos unilaterais, o remédio é a redução ou alteração no modo de executar as prestações. Anota o autor o seguinte:

> A análise da estrutura dos contratos revela que alguns geram obrigações recíprocas (os chamados bilaterais ou sinalagmáticos), enquanto outros criam obrigações unicamente para uma das partes (os unilaterais). São situações diferentes, exigindo tratamento diverso. O Código brasileiro, à semelhança do congênere italiano, estabelece regras distintas para os dois tipos de relação à onerosidade excessiva. Para os contratos com obrigações recíprocas, o remédio previsto, para evitar o gravame excessivo, é a resolução do contrato, podendo a contraparte evitar a resolução oferecendo-se a modificar equitativamente as condições do contrato (arts. 478 e 479, do CC/2002). Para os contratos com obrigações apenas para uma das partes, o remédio é a redução da prestação ou a alteração do modo de executá-la, a fim de evitar a onerosidade excessiva (art. 478, do CC/2002).[5]

Ocorre que, para determinados contratos, em que a álea é negociada e intrínseca ao negócio, não há espaço para revisão, sob pena de se subtrair a segurança jurídica, pilar essencial da função social do contrato.

---

4 LEÃES, Luiz Gastão Paes de Barros. A álea normal do contrato e o momento do exercício das opções. *In*: WALD, Arnoldo (Coord.). *Direito empresarial*: sociedades anônimas. São Paulo: Revista dos Tribunais, 2011, p. 229.

5 LEÃES, Luiz Gastão Paes de Barros. A álea normal do contrato e o momento do exercício das opções. *In*: WALD, Arnoldo (Coord.). *Direito empresarial*: sociedades anônimas. São Paulo: Revista dos Tribunais, 2011, p. 226.

1.3 A OPÇÃO COMO FERRAMENTA ECONÔMICA DE INCENTIVO AO COLABORADOR E DISPOSITIVO DE PORTA DE SAÍDA AO ACIONISTA OU SÓCIO DISSIDENTE

Importante artigo de Alan Greenspain, economista e ex-presidente do Federal Reserv Bank of United States, destaca importante utilidade das Opções como ferramenta de premiação ou compensação pelos trabalhos dos colaboradores, via *stock options*.[6] Faz o autor alusão às taxas de riscos da atividade e os efeitos gerais que se impactam positiva ou negativamente na valorização dos ativos da companhia. Os problemas em questão constituem a própria razão da Opção, pois não teria utilidade caso fossem constantes os elementos da experiência econômica (*ceterisparibus*). Os elementos não são constantes e atuam na vida da companhia ou em qualquer contrato, daí a importância da Opção, pois cria ambiente de conforto para o credor, diante de contingências. Aos colaboradores, o espírito da outorga da Opção seria induzir comportamento proativo, para que os riscos se minimizem e a *performance* se maximize. Trata-se de um estímulo positivo atribuído ao colaborador, via *stock option*. Valorizado o ativo

---

6 *Expensing stock options is required to record the economic cost of labor services purchased with option grants. But like all such balance-sheet-related costs (depreciation, for example), their final accounting disposition can often take years. The reason is that future movements in the price of the underlying stock will create capital grains or losses in the stock option between the time of grant and expiration. Such changes do not alter the economic cost, but depending on how the corporation chooses to hedge option grants, these changes can affect the net worth of the corporation.*
The issue does not arise with grants of stock because all capital gains and losses after issuance accrue to the employee. In addition, this issue would not arise with option grants if the corporation fully hedged its exposure to post-grant capital gains and losses. The corporation could do this, in principal, by purchasing a Call Option Call Option on its stock that was identical in all respects to the granted option and then selling that Call Option Call Option at the same time that the employee exercises his or her option. Of course, the Call Options needed to execute this hedge their position by repurchasing their shares in the open market which leaves them exposed to some post-grant gains and losses. And, to be sure, many other corporations choose not to hedge their option grants at all. (GREENSPAN, Alan. Stock Option and Related Matters. *In:* WALD, Arnoldo (Coord.). *Direito empresarial*: sociedades anônimas. São Paulo: Revista dos Tribunais, 2011, p. 284).

da companhia, o preço de exercício, quando existente, é simbólico, sendo certo que o colaborador receberá as ações, podendo vendê-las ou mantê-las em seu patrimônio.

Por outro lado, pode a Opção, na modalidade *Put*, servir de porta de saída para o acionista dissidente. Fixado o preço de exercício para a opção de venda, pode o dissidente, diante de um desconforto, observado o conteúdo da opção firmada, exercer a *Put*, receber o preço e se desligar ou realizar, se o instrumento de opção permitir, em parte a venda, caso pretenda diminuir sua margem de risco.

1.4 O PRÊMIO COMO CONDIÇÃO E NÃO CONTRAPRESTAÇÃO

O prêmio consiste no eventual pagamento pela entrega da vontade, ou seja, para que o devedor da Opção fique a ela vinculado pelo prazo de exercício. É, portanto, elemento extravagante, facultativo à Opção. Assim, não pode o devedor da Opção (o que entregou sua vontade: o lançador) exigir do credor (o que desfruta do direito potestativo: o titular) o pagamento do prêmio. O não pagamento implicará na resolução, ou seja, no impeditivo ao exercício da *Call* ou da *Put*.

Nas Opções com liquidação financeira, a diferença é que o lançador sempre recebe o prêmio e o titular sempre paga. O risco pela variação financeira do preço do ativo é exatamente a sorte ou o revés dos envolvidos, cuja *performance* de preço implicará na perda do prêmio pelo titular a favor do lançador ou no ganho do incremento financeiro verificado no ativo pelo titular, pago pelo lançador.

1.5 A LIQUIDAÇÃO FINANCEIRA

Como modalidade de derivativo, a Opção, no mercado financeiro, ganha o atributo da compulsória liquidação financeira. Ora, as margens aleatórias estão necessariamente atreladas a um preço de compra e venda de um ativo ou de uma posição financeira de *commodity* ou valor mobiliário. Assim, tem a Opção em seu cerne um outro contrato, sendo, portanto, exatamente o mesmo tratado pelo Código Civil.

As Opções são vistas, frequentemente, como derivativos que, nas palavras de Nelson Eizirik, significam:

> Derivativos são todos os contratos negociados, cujo valor resulta, total ou parcialmente, do valor de outro ativo, financeiro ou não. Com efeito, o valor de tal contrato deriva de outro contrato, ativo ou índice, refletindo as variações diárias destes, daí o seu nome.[7]

Seguindo o mesmo entendimento, Paula Greco Bandeira, define que:

> A expressão 'contrato de derivativo' se origina do adjetivo inglês *derivative*, tendo a espécie se desenvolvido de forma autônoma no direito anglo-saxão. Pode-se afirmar, em sentido amplíssimo, que a categoria dos derivativos compreende todos os contratos atípicos, de natureza financeira, consistentes na negociação a termo de uma importância econômica e na relativa valorização autônoma do diferencial decorrente do confronto entre preço da importância no momento da estipulação e seu valor no prazo acordado para a execução.[8]

Bandeira destaca, ainda, que:

> Os contratos derivativos, sob o aspecto econômico, correspondem aos contratos cujos valores dependem do preço de um ativo financeiro subjacente ou de valor de um parâmetro financeiro de referência (índice de bolsa, taxa de juros, taxa de câmbio). Em contrariedade ao sentido literal da expressão, os contratos derivativos não derivam de, mas insistem sobre elementos de outros negócios. Os seus valores dependem de ativo fundamental subjacente.[9]

Sintetizando bem a questão sobre a natureza preliminar, Eizirik enfatiza:

> Um 'derivativo' constitui um contrato, ou mesmo dois com tratos conexos, ou um título, cujo valor 'deriva, é resultado do valor de determinado ativo financeiro. Assim, por exemplo, uma opção de compra de ações preferenciais emitidas pela companhia X

---

7 EIZIRIK, Nelson; GAAL, Ariádna B.; PARENTE, Flávia; HENRIQUES, Marcus de Freitas. *Mercado de capitais:* regime jurídico. 3. ed. Rio de Janeiro: Renovar, 2011, p. 237.

8 BANDEIRA, Paula Greco *apud* GIRINO, Emilio. *I contratti derivati.* Miliano: Giuffrè, 2001, p. 774.

9 BANDEIRA, Paula Greco *apud* GIRINO, Emilio. *I contratti derivati.* Miliano: Giuffrè, 2001, p. 774.

constitui um derivativo, cujo valor, em princípio, resulta da cotação de tais ações, que constituem, no elíptico jargão do artigo 2º, VIII, da Lei 6.385/1976, os 'ativos subjacentes'.

Podem servir de referência para um contrato derivativo vários tipos de ativos, como, por exemplo, a cotação de uma ação, o valor de mercado de uma carteira de ações medido por um índice, a taxa de câmbio entre duas moedas, ou o preço de mercado de uma commodity, como a soja, o café, o ouro, entre outros.

No mercado brasileiro, diz-se que o ativo de cujo preço depende o valor do derivativo é o 'ativo subjacente' ou o 'ativo de referência', de modo que os derivativos são sempre contratos referenciados em algum outro ativo.[10]

Esse ativo subjacente ou ativo de referência é, necessariamente, o contrato que é o objeto da Opção, daí sua essência preliminar, exatamente por depender de uma referência localizada em um outro contrato. É óbvio que o preço de mercado remete à ideia de compra e venda, não importando sua aferição por bloco, portanto, qualquer seja o referencial, necessariamente erigirá de um dado consubstanciado em outros contratos, não nascendo da própria Opção.

1.6 IMUTABILIDADE DA QUALIFICAÇÃO JURÍDICA EM RAZÃO DO USO DA OPÇÃO COMO DERIVATIVO FINANCEIRO

Como já dito, a dicção "Opção", apesar de não estar expressamente consignada na lei, decorre de consagrada indicação consuetudinária e doutrinária, estando o contrato devidamente sistematizado e regulamentado, sendo, portanto, típico e nominado. A existência do prêmio com pagamento diferido não torna a Opção um contrato bilateral, pois sua natureza é abrangida pelo ambiente das condições e não da contraprestação. A utilização das Opções no mercado de valores mobiliários, cuja liquidação é financeira, sem menção expressa a um contrato principal, mas, sim, a um preço, posição ou índice, não muda sua natureza de preliminar.

---

[10] EIZIRIK, Nelson; GAAL, Ariádna B.; PARENTE, Flávia; HENRIQUES, Marcus de Freitas. *Mercado de capitais:* regime jurídico. 3. ed. Rio de Janeiro: Renovar, 2011, p. 114.

2
A FASE NEGOCIAL

A fase negocial é aquela que antecede ao contrato. Trata-se de uma fase importante para melhor entender as expectativas levadas a efeito na fase contratual.

Nesta esteira, é importante observar a diferença entre a negociação preliminar e o contrato preliminar, uma vez que estes não se confundem, sendo a primeira despida de força coativa, diferentemente do segundo. Na linha de Philippe Malaurie e Laurent Aynes,[1] ensina Caio Mário da Silva Pereira:

> Quando duas pessoas querem celebrar um contrato, normalmente passam por aquelas fases a que nos referimos: debatem os seus interesses em negociações preliminares [...]. Não é, porém, fora dos quadros habituais que ambas acordem sobre o objeto, fixem condições, e ajustem a celebração de um contrato que é, no entanto, transferido para um momento futuro, seja em razão de impossibilidade momentânea para a sua conclusão, seja porque

---

1 MALAURIE, Philippe; AYNÈS, Laurent; GAUTIER, Pierre-Yves. *Contrats spéciaux*. 14. ed. Paris: LGDJ, 2002. p. 99. *Parfois, les* éléments *essentiels de la vente à venir (chose, prix, date)* <u>*ont* été *débattus et convenus*</u>. *Mais l'une des parties, en général le futur acquéreur, réserve sa décision. Elle désire bénéficier, pendant un certain temps, d'un* délai de refléxion *à l 'issue duquel ele exercera une option* : *acheter (ou vendre) ou ne pas acheter (ou ne pas vendre. La promesse est unilatérale.Parfois, vendeur et acquéreur sont decidés, l'un à vendre et l'autre à acheter. Auncun des deux ne dispose d'une option. Mais la vente n'est pourtant* pás *définitivement conclue, car il lui manque um* élément *que la loi ou l'une des parties considere comme essentiel : une autorisation administrative, purge d'un droit de préemption, obtention d'um prêt... La promesse est synallagmatique.*

> surjam dificuldades no preenchimento de requisitos formais, seja pela demora na obtenção de financiamento, seja simplesmente por motivos particulares de mera conveniência [...] Distingue-se, também, das negociações preliminares, em que estas não envolvem compromissos nem geram obrigações para os interessados, limitando-se a desbravar terreno e salientar conveniências e interesses, ao passo que o contrato preliminar já é positivo no sentido de precisar de parte a parte o contrato futuro.[2]

A fase do contrato preliminar não se confunde com a negociação, mesmo que esta seja revestida por atos formais. Não raras vezes, projetos de contratos são confundidos com contratos preliminares. Somente terá *status* de contrato a avença que criar obrigação, pelo menos para uma das partes. Sem obrigação não se pode falar em contrato.

De acordo com Karina Fritz:

> Atualmente, é comum as partes, especialmente diante de contratos complexos ou de significativo valor econômico, realizarem na fase negocial atos de diversas naturezas jurídicas, os quais podem ter natureza negocial ou não. Os primeiros constituem verdadeiros negócios jurídicos na fase pré-contratual como, por exemplo, o contrato preliminar, por via do qual as partes se comprometem a celebrar posteriormente outro contrato (contrato principal), como ensina Caio Mário da Silva Pereira. Os segundos são todos os instrumentos destinados a documentar as negociações com as minutas e as cartas de intenção, denominados genericamente de punctações. Dentre estes atos, apenas os últimos tem relevância em tema de culpa in contrahendo, na medida em que a violação de negócios jurídicos celebrados na fase negocial configura necessariamente responsabilidade contratual e não responsabilidade pré-contratual.
>
> [...]
>
> No Brasil, Popp defende que surgindo entre as partes a confiança legítima que o contrato será celebrado, estágio no qual as negociações

---

[2] PEREIRA, Caio Mário da Silva. *Instituições de direito civil.* 11. ed. Rio de Janeiro: Forense, 2003, v. III, p. 81. Também, na mesma linha: PONTES DE MIRANDA. *Tratado de direito privado.* Campinas: Bookseller, 2005, t. 38, p. 502. TEPEDINO, Gustavo; BARBOZA, Heloisa Helena; MORAES, Maria Celina Bodin de. *Código interpretado conforme a Constituição da República.* Arts. 421 a 965. 2. ed. Rio de Janeiro: Renovar, 2012, v. 2, p. 462.

se encontram em fase avançada, em havendo rompimento, nasce para a contraparte o direito à celebração do contrato, o qual já integraria a esfera jurídica do lesado.[3]

No que tange à tutela jurídica na fase pré-contratual, merece destaque o entendimento doutrinário que impede a ruptura abrupta e inopinada de uma das partes, em detrimento da outra, colocando fim à negociação, dado aos custos necessários para análise da viabilidade da contratação, componentes dos custos de transação.

A ruptura inopinada da negociação é censurada por Haroldo Malheiros Duclerc Verçosa, que entende pelo surgimento de uma obrigação pré-contratual, conforme segue:

> [...] em favor do reconhecimento de uma segunda teoria (a da responsabilidade de natureza contratual ao tempo das tratativas), poder-se-ia defender a existência de uma responsabilidade de natureza contratual anterior à conclusão do contrato, que surgiria a partir do início das negociações entre os interessados. É como se a "sombra do contrato" se projetasse na forma de um manto protetor ao período anterior ao seu fechamento, de forma a que os ditames legais mencionados sejam tutelados em benefício da parte prejudicada. De outro lado, esta mesma "sombra" se projetaria além do período de tempo relativo à conclusão do contrato (que não interessa discutir no presente momento). Isto significa dizer que o regramento do instituto do contrato como tal incluiria a fase de negociações prévias não efetivamente concretizadas, bem como sua frustração em vista de causa futura de invalidade e ineficácia.
>
> Mas a conduta desleal e abusiva de uma contraparte (verificada na fase das tratativas em contratos que não vingam, ao lado dos fatores que provocam ulteriores invalidade e ineficácia por culpa da mesma contraparte) encontra-se o fundamento da tutela legal do prejudicado também no reconhecimento da presença de um ato ilícito, tal como previsto no art. 186 do NCC. [...]
>
> Isto significa que, qualquer que seja a teoria adotada, existe uma proteção para os sujeitos na fase pré-contratual, mais extensa

---

3 FRITZ, Karina Nunes. Contratos: formação e regime. *In:* TEPEDINO, Gustavo; FACHIN, Luiz Edson (Org.). São Paulo: Revista dos Tribunais, 2011, p. 167-168. (Coleção Doutrinas Essenciais).

quando caracterizada a desistência como ato ilícito que como quebra de norma de natureza contratual extensiva.[4]

É verdade que na fase negocial, que antecede ao contrato preliminar, surgem obrigações dirigidas à preservação das legítimas expectativas, contudo, não são obrigações contratuais, propriamente ditas.

Faz-se necessário estabelecer a diferença entre a fase negocial e o contrato preliminar, pois não se confundem, conforme ensina Haroldo Malheiros Duclerc Verçosa:

> O contrato preliminar é singelamente conceituado como um acordo provisório de vontades destinado a proporcionar as condições para a celebração de um contrato definitivo. Esta provisoriedade diz respeito não ao contrato preliminar em si mesmo, pois ele, uma vez concluído, é definitivo e deve produzir o efeito próprio; mas diz respeito à operação econômica divisada pelas partes, a qual tem no contrato definitivo seu objetivo fundamental.[5]

Assim, resta clara a distinção entre a fase de negociação e a do contrato preliminar, consistindo esta última o foco do estudo da Opção.

Existem instrumentos típicos da fase negocial, como o Memorando de Entendimentos, que revela a expectativa de ambas as partes, por meio de termo circunstanciado e minucioso, e, também, a Carta de Intenções, pela qual a signatária exterioriza seus interesses negociais, cujo conteúdo indicará sua qualificação jurídica, a existência ou não de força vinculativa e a parte que se vincula, podendo ser ambas, apenas uma ou nenhuma. Se houver vinculação, não mais se estará na fase negocial, mas na preliminar do contrato. Tais instrumentos utilizados nas rotinas negociais, sem espelho na lei, não chegam a ser contrato, alcançando, no máximo, o *status* de proposta, firmada nos termos do art. 427, do Código Civil.

O foco examinado na pesquisa não diz respeito às entranhas do ambiente negocial, mas à fase posterior, que inaugura obrigações propriamente ditas – por meio do contrato preliminar – que ensejam execução coativa, como veremos a seguir.

---

4 VERÇOSA, Haroldo Malheiros Duclerc. *Curso de direito comercial 4.* Fundamentos da teoria geral dos contratos. São Paulo: Malheiros, 2011, v. 4, t. I, p. 387-388.

5 VERÇOSA, Haroldo Malheiros Duclerc. *Curso de direito comercial 4.* Fundamentos da teoria geral dos contratos. São Paulo: Malheiros, 2011, v. 4, t. I, p. 496.

3
A OPÇÃO COMO CONTRATO

É sabido que a Opção objetiva a celebração de um contrato futuro, cujas partes são: proponente e oblato,[1] o primeiro que se torna devedor da prestação; o segundo, credor do direito potestativo de contratar ou não. Quanto aos elementos, estes podem ser necessários ou facultativos, que, no caso da Opção são: preço de exercício (fixo ou vinculado a parâmetros objetivos), prazo de exercício (determinado ou determinável) e objeto (o contrato definitivo).

Com relação ao prêmio (pagamento ao proponente para que outorgue o direito potestativo ao oblato, com natureza de indenização ou compensação pela álea), é facultativo, pois pode existir ou não, sendo certo que o preço, o prazo de exercício e o objeto são requisitos essenciais do Contrato de Opção.

O Contrato de Opção visa manter o preço e garantir o direito de contratar futuramente nas bases previamente firmadas. Este contrato é usado também como instrumento financeiro (possivelmente especulativo) e de travamento de preço (*hedge*).

A problemática enfrentada na pesquisa gira em torno, principalmente, do sentido da expressão "prazo razoavelmente assinado pelo devedor" (excerto do art. 466, do Código Civil); da dispersão da lei quanto à identidade do Contrato de Opção, uma vez que o Código Civil não fornece, em único dispositivo, todos os seus elementos, impondo solução integrativa e a incompletude econômica, visto que, entre a

---

1 No artigo 427 do Código Civil de 2002 vemos a *figura* do proponente, e, a quem é direcionada a proposta, chamamos de *oblato*. Tais nomenclaturas indicativas das partes são clássicas e podem aparecer no lugar de credor e devedor nas Opções.

celebração da Opção e o momento de se exercer o direito potestativo, haverá hiato, cuja dinâmica econômica motivará a decisão do oblato. Infelizmente, a legislação brasileira não prestigiou, como deveria, os contratos unilaterais, muito menos o Contrato de Opção. O art. 466, do Código Civil, é incompleto na parte que menciona a razoabilidade, por lacuna voluntária e própria, ou seja, da própria legislação e pela intenção do legislador, como também por lacuna imprópria, na abordagem de seu conteúdo, tanto que necessita de um esforço integrativo para que lhe seja atribuído o efeito desejado idealmente, conforme lições de Norberto Bobbio, que serão expostas neste trabalho.

A parte da norma do art. 466 do Código Civil, que fez alusão ao aspecto da razoabilidade, no que se refere ao prazo de exercício, está no chamado sistema móvel, nas lições de Canaris, citadas por Misabel Abreu Machado Derzi. A abordagem da Professora Misabel sobre tipo e conceito parece ter dado acabamento novo na doutrina primitiva do jurista alemão, razão que justificou a referência daquela, quanto ao texto deste, imprimindo entendimento mais consentâneo acerca do tema doutrinário.

A Opção é contrato positivado dentro de perspectiva aberta, portanto, tipológica e não conceitual, que não significa se tratar de parte completamente móvel do sistema, apesar de expressamente fazer o texto normativo alusão à razoabilidade do prazo para exercício do direito potestativo conferido por aquela modalidade de contrato preliminar.

As partes imóveis, que imprimem sentido ao contrato, são o preço de exercício e o objeto. O prazo de exercício estaria dentro da parte móvel. Contudo, há de se entender que, por ser a Opção um contrato aleatório, o momento de exercer o direito potestativo deve ser determinável, quando não puder ser determinado. Daí a necessidade de investigar os limites da mobilidade. Outro aspecto relevante é afeto à qualificação do contrato. Ora, um instrumento que receba alcunha de contrato preliminar, mas que tenha prazo imediato para o exercício do direito de contratar definitivamente será mera proposta, não um contrato. Da mesma forma, os prazos demasiadamente longos poderão desnaturar o contrato preliminar.

O Código Civil brasileiro se mostra discreto na definição de *contrato*, sendo necessário, assim, destacar o que Raquel Sztajn buscou no Código Civil italiano como elementos para compor a lacuna legislativa:

Por meio de norma não seguida pelo legislador brasileiro no NCC, o CCIt, no seu art. 1.321, apresenta o conceito estrutural do contrato como 'todo acordo de vontades entre duas ou mais partes, destinado a constituir, regular ou extinguir uma relação jurídica de natureza patrimonial'. Nesta definição são reconhecidos os seguintes elementos do instituto, cumulativos e necessários: (i) acordo de vontades; (ii) entre duas ou mais partes; (iii) com a finalidade tríplice (alternativa ou cumulativa em parte) de constituir (dar nascimento), regular ou extinguir uma relação jurídica; e (iv) relação jurídica que se caracteriza como de natureza patrimonial.

Em acréscimo, o art. 1.325 do CCIt estabelece como requisitos ou elementos do contrato o acordo, a causa, o objeto e a forma.[2]

Fazendo alusão ao jurista mineiro Darcy Bessone, Raquel Sztajn[3] registra ser de consenso na doutrina a aplicação da definição italiana de contrato, esclarecendo, contudo, que da lição de Darcy Bessone ressaltaria apenas a necessidade de substituir o termo "pessoas" para "partes".

Oferecida a noção de contrato, percebe-se que a descrição estrutural da Opção não deixa dúvida sobre sua tipificação como tal, vale dizer, Opção não é mera proposta, mas contrato.

---

2 SZTAJN, Raquel. Direito e economia dos contratos. Os conceitos fundamentais. *In*: VERÇOSA, Haroldo Malheiros Duclerc. *Curso de direito comercial*. Fundamentos da teoria geral dos contratos. São Paulo: Malheiros, 2011, v. 4, t. I, p. 108.

3 Note-se que, bem ora não adotado expressamente pelo NCC, o conceito de contrato do direito italiano aplica-se fundamentalmente ao direito brasileiro, tal como tem sido defendido sem contrariedade pela maior parte da doutrina, mormente porque os dois ordenamentos jurídicos em causa são da mesma família, e o NCC foi essencialmente inspirado no seu correspondente italiano. Para Darcy Bessone aquela solução adotada pelo direito italiano indicaria o verdadeiro conceito de contrato – como seja, em suas palavras: "O contrato é o acorde de duas ou mais pessoas para, entre si, constituir, regular ou extinguir uma relação jurídica de natureza patrimonial'. A única observação a ser feita em relação ao pensamento do jurista mineiro é no sentido de que o termo 'pessoas' é mais adequadamente traduzido por 'partes', estas podendo ser constituídas por uma ou mais pessoas." (SZTAJN, Raquel. Direito e economia dos contratos. Os conceitos fundamentais. *In*: VERÇOSA, Haroldo Malheiros Duclerc. *Curso de direito comercial*. Fundamentos da teoria geral dos contratos. São Paulo: Malheiros, 2011, v. 4, t. I, p. 108-109).

Assim, a Opção[4] pode ser definida como contrato preliminar, típico, aleatório e unilateral, positivado na norma do art. 466, do Código Civil de 2002, tendo por função a celebração futura de um contrato definitivo. Não se trata, pois, de mera negociação preliminar ou simples proposta, mas de contrato, propriamente dito, dispondo de força coativa para cumprimento compulsório, por meio da ação cominatória.[5]

Após a celebração do Contrato de Opção, caracterizado como contrato unilateral, as obrigações decorrentes deste contrato se concentram em uma única parte, no proponente, ou seja, no devedor da Opção. Ao oblato, credor da Opção, outorga-se o direito potestativo de firmar ou não o negócio definitivo. Trata-se, ainda, de tipo contratual aleatório, porque a álea faz parte de sua substância, consistindo em característica funcional, capaz de permitir sua utilização como instrumento de travamento de preços (*hedge*), derivativos, retenção de oferta durante a *due diligence*, entre possibilidades emergentes de negociações especiais, como é o caso de comodatos e arrendamentos nos quais se entabulam opções de compra ou de venda em razão dos interesses envolvidos.

As Opções são vistas, frequentemente, como derivativos que, nas palavras de Nelson Eizirik, significam:

> Derivativos são todos os contratos negociados cujo valor resulta, total ou parcialmente, do valor de outro ativo, financeiro ou não.

---

4 Pode-se, em síntese, definir o *option* como o contrato de derivativo em que a uma das partes se atribui, mediante o pagamento de prêmio, a opção de comprar ou vender determinados ativos a preço prefixado na data da contratação ou de trocar o diferencial entre esse preço e o valor que os ativos terão no termo contratual. BANDEIRA, Paula Greco. Os contratos de derivativos e a teoria da imprevisão. *In*: TEPEDINO, Gustavo; FACHIN, Luiz Edson (Org.). *Obrigações e contratos:* contratos: formação e regime. Revista dos Tribunais – 100 anos. São Paulo: Revista dos Tribunais, 2011, v. IV, p. 783-784.

5 Art. 461. Na ação que tenha por objeto o cumprimento de obrigação de fazer ou não fazer, o juiz concederá a tutela específica da obrigação ou, se procedente o pedido, determinará providências que assegurem o resultado prático equivalente ao do adimplemento.
Art. 466-B. Se aquele que se comprometeu a concluir um contrato não cumprir a obrigação, a outra parte, sendo isso possível e não excluído pelo título, poderá obter uma sentença que produza o mesmo efeito do contrato a ser firmado.

Com efeito, o valor de tal contrato deriva de outro contrato, ativo ou índice, refletindo as variações diárias destes, daí o seu nome.[6]

O vocábulo derivativo é utilizado para identificar os contratos de Futuro, *Swap* (que é a troca de índices) e Opção. Todos esses têm a álea como componente, distinguindo-se o primeiro do segundo pela existência, no primeiro, da possibilidade de adotar objeto físico na transação (*v.g.*: uma *commodity* para entrega física), em vez de mero índice, enquanto a *Swap* é restrita a índices.

Seguindo o mesmo entendimento, Paula Greco Bandeira, define que:

> A expressão 'contrato de derivativo' se origina do adjetivo inglês *derivative*, tendo a espécie se desenvolvido de forma autônoma no direito anglo-saxão. Pode-se afirmar, em sentido amplíssimo, que a categoria dos derivativos compreende todos os contratos atípicos, de natureza financeira, consistentes na negociação a termo de uma importância econômica e na relativa valorização autônoma do diferencial decorrente do confronto entre preço da importância no momento da estipulação e seu valor no prazo acordado para a execução.[7]

A expressão *contrato de derivativo* é usada mais no ambiente dos negócios financeiros, pelos quais os agentes buscam resultados de oportunidade, dado às habilidades que possuem no exame das projeções de evolução de preços e índices, na maioria das vezes por tratamento de dados em escalas históricas.

Paula Greco Bandeira destaca, ainda, que:

> Os contratos derivativos, sob o aspecto econômico, correspondem aos contratos cujos valores dependem do preço de um ativo financeiro subjacente ou de valor de um parâmetro financeiro de

---

6 EIZIRIK, Nelson; GAAL, Ariádna B.; PARENTE, Flávia; HENRIQUES, Marcus de Freitas. *Mercado de capitais:* regime jurídico. 3. ed. Rio de Janeiro: Renovar, 2011, p. 237.

7 BANDEIRA, Paula Greco. Os contratos de derivativos e a teoria da imprevisão. São Paulo: Revista dos Tribunais, v. 904, fev. 2011. *In*: TEPEDINO, Gustavo; FACHIN, Luiz Edson (Org.). *Obrigações e contratos:* contratos: formação e regime. Revista dos Tribunais – 100 anos. São Paulo: Revista dos Tribunais, 2011, v. IV p. 783-784 *apud* GIRINO, Emilio. *I contratti derivati.* Miliano: Giuffrè, 2001, p. 5.

referência (índice de bolsa, taxa de juros, taxa de câmbio). Em contrariedade ao sentido literal da expressão, os contratos derivativos não derivam de, mas insistem sobre elementos de outros negócios. Os seus valores dependem de ativo fundamental subjacente.[8]

As Opções são contratos aleatórios exatamente pela fixidez do preço de exercício e a aleatoriedade do conteúdo econômico do objeto. A ausência de comutatividade está na obrigação de o proponente ter que firmar o negócio definitivo, independente da valorização ou da desvalorização econômica do conteúdo do objeto negociado. O que se observa é que vista a Opção como derivativo, tem-se "como denominador comum a incerteza conexa às flutuações que as grandezas econômicas de referência podem assumir no tempo. Além disso, todos os contratos de derivativos se caracterizam pela finalidade antecipatória em relação a essas flutuações".[9]

Vale ressaltar que o preço de exercício deve ser fixo, contudo, nem sempre em expressão monetária, podendo ser por meio de parâmetros de mercado, como será visto neste estudo.

O tempo é o componente central da Opção, pois nele é que a dinâmica dos fatos altera o significado econômico e o interesse sobre determinado foco negocial, a ser firmado no contrato definitivo. Ressalta-se que:

> o elemento temporal faz com que a contratação se baseie em previsões acerca da evolução dos valores dos bens objeto do ajuste. Acrescente-se, ainda, que os contratos derivativos podem comportar, em sua execução, perdas teoricamente ilimitadas, salvo no contrato de option, no qual o beneficiário tem sua perda máxima restrita ao valor do prêmio.[10]

---

[8] BANDEIRA, Paula Greco. Os contratos de derivativos e a teoria da imprevisão. *In*: TEPEDINO, Gustavo; FACHIN, Luiz Edson (Org.). *Obrigações e contratos:* contratos: formação e regime. Revista dos Tribunais – 100 anos. São Paulo: Revista dos Tribunais, 2011, v. IV, p. 774.

[9] BANDEIRA, Paula Greco. Os contratos de derivativos e a teoria da imprevisão. *In*: TEPEDINO, Gustavo; FACHIN, Luiz Edson (Org.). *Obrigações e contratos*: contratos: formação e regime. Revista dos Tribunais – 100 anos. São Paulo: Revista dos Tribunais, 2011, v. IV, p. 775.

[10] BANDEIRA, Paula Greco. Os contratos de derivativos e a teoria da imprevisão. *In*: TEPEDINO, Gustavo; FACHIN, Luiz Edson (Org.). *Obrigações e contra-*

O objeto deve ser outro contrato, daí a necessidade de a Opção conter todos os elementos necessários ou requisitos essenciais do contrato definitivo, nos termos do art. 462, do Código Civil.

Em obras clássicas do Direito Civil brasileiro, os contratos unilaterais sequer ganhavam destaque. Em sua obra, *Doutrinas e Práticas das Obrigações*, Manuel Inácio Carvalho de Mendonça[11] limitou-se a classificar o contrato unilateral de forma residual ao contrato bilateral, da seguinte maneira: os bilaterais (impropriamente chamados sinalagmáticos), como a venda, a permuta, a locação, e unilaterais, como o empréstimo, o depósito. Os primeiros criam obrigações recíprocas, os últimos as suscitam para uma só das partes.

3.1 TOPOLOGIA E ESTRUTURA DO CONTRATO DE OPÇÃO

O Contrato de Opção tem alicerce no art. 466,[12] inserido no título V – "Dos contratos em geral", na Sessão VIII – "Do Contrato Preliminar", do Código Civil de 2002. No texto do Código Civil de 1916, não existia norma correspondente, tampouco título destinado a disciplinar os contratos preliminares. A topologia da norma atual inaugura algumas possibilidades, que merecem atenção, como, por exemplo, a extensão do Contrato de Opção a objetos – os contratos definitivos – que vão além da compra e venda. A propósito do objeto da Opção, é importante esclarecer que, por se tratar de contrato preliminar, seu desígnio diz respeito a outro contrato, o definitivo. O jurista Fernando Araújo chega a afirmar que o objeto da Opção pode ser algo além de um contrato negocial, chegando a servir de instrumento de "trava" – espécie de *hedge* – para definir limites de indenizações.[13] *Sílvio de*

---

tos: contratos: formação e regime. Revista dos Tribunais – 100 anos. São Paulo: Revista dos Tribunais, 2011, v. IV, p. 780.

11 CARVALHO DE MENDONÇA, Manuel Inácio. *Doutrina e prática das obrigações.* 4. ed. Rio de Janeiro: Forense, 1956, t. II, p. 278.

12 Art. 466. Se a promessa de contrato for unilateral, o credor, sob pena de ficar a mesma sem efeito, deverá manifestar-se no prazo nela previsto, ou, inexistindo este, no que lhe for razoavelmente assinado pelo devedor.

13 ARAÚJO, Fernando. *Análise econômica do direito* – Programa e guia de estudo. Lisboa: Almedina, 2008, p. 270.

Salvo Venosa[14] admite, expressamente, a Opção como contrato preliminar capaz de ter como objeto contratos de serviços e de alocações futuras.

A nomenclatura dispensada às partes, aplicada à Opção, *proponente* e *oblato*, decorre dos usos e costume, baseando-se no instrumental da proposta, apesar de a Opção ser algo além: um autêntico contrato decorrente de negócio bilateral. Na proposta, o ato jurídico é unilateral, apenas do proponente, produzindo efeito apenas se o oblato manifestar o aceite. É importante salientar que, apesar de o Contrato de Opção ser um contrato unilateral – que imprime obrigações somente a uma das partes – decorre de um negócio bilateral, ou seja, da manifestação de vontade das duas partes contratantes.

É necessário frisar, também, que contrato preliminar não é componente da fase negocial, mas, sim, integrante autêntico da fase contratual. As dicções pré-contrato e contrato preliminar são utilizadas para exprimir que seu objeto é outro contrato futuro. Basicamente, a terminologia da Opção é, quanto às partes, proponente (devedor) e oblato (credor); quanto ao prazo, denomina-se prazo de exercício, que pode ser americano (em período) ou europeu (data certa exclusiva) e, quanto ao valor que se paga ao proponente, pela entrega de sua vontade, o vocábulo prêmio, denominado no Direito francês como "indenização pela imobilização". O preço, ou seja, o valor que o oblato pagará ou suportará em razão do contrato definitivo, denomina-se preço de exercício. A promessa preliminar unilateral de venda denomina-se Opção de Compra ou *Call Option* e a promessa preliminar unilateral de compra denomina-se Opção de Venda ou *Put Option*. O direito do oblato, o credor da Opção é potestativo, ou seja, confere-lhe faculdade de exercê-lo ou não.

A lei não indica, expressamente, se a Opção é ou não modalidade de contrato aleatório. Em suas entranhas, diferentemente do que se

---

[14] "É típico pacto de opção a reserva de compra ou aquisição de serviços. Quando reservamos ingressos em um teatro, uma mesa num restaurante ou uma mercadoria de gênero restrito, garantimos, durante certo prazo, o direito da parte em exercer a opção. Decorrido esse prazo, o titular dos bens ou serviços fica livre para aliená-los a terceiros." (VENOSA, Sílvio de Salvo. *Direito civil.* 3. ed. São Paulo: Atlas, 2003, v. II, p. 422).

vê da expressa indicação da comutatividade (que indica equivalência das prestações) do Contrato de Compra e Venda, no art. 483, do Código Civil;[15] *há um hiato que reclama interpretação integrativa. Verifica-se que a compra e venda, por deliberação das partes, pode ser aleatória, pelos tipos da emptio spei*[16] ou da *emptio rei sperate.*[17] Questiona-se, portanto, se a Opção pode, por deliberação das partes, ser comutativa, preservando sua qualificação jurídica. A hipótese seria a de o preço de exercício ser fixado por arbitramento, pelo conteúdo consentâneo à data do exercício do direito potestivo de seu credor.

A questão da álea é realmente intrigante, na medida em que legitima eventual desequilíbrio econômico. A propósito, Tércio Sampaio Ferraz Júnior faz um retrospecto histórico sobre a álea, distinguindo a sorte do acidente, sob interessante perspectiva, que vale a pena ser transcrita:

> Já na antiguidade, Aristóteles falava das coisas que ocorrem por acaso. Diz ele (Fis., II, 5,196b10 e seguintes, também 6,197b e ss): as coisas ou se passam sempre do mesmo modo (coisas necessárias) ou quase sempre do mesmo modo (coisas frequentes). Há, porém, uma terceira espécie que não acontece como as precedentes, isto é, coisas que não são nem necessárias nem frequentes, mas contingentes. Nesta terceira, porém, está contida uma dualidade que deve ser esclarecida. As coisas não só são necessárias ou frequentes ou nem necessárias nem frequentes (por acaso), mas são também tendo em vista um fim ou não tendo em vista um fim. A partir disso, diz ele que aquela terceira espécie (por acaso) pode ser por fortuna ou sorte, isto é causas nem necessárias nem frequentes (causalidade, eventualidade), tendo em vista um fim determinado, ou por acidente, isto é, eventuais, causais, tendo em vista um fim determinado. Aristóteles até dá um exemplo curioso para distinguir a sorte do acidente: se o dono de um cavalo perdido sai à sua procura (finalidade) e o encontra onde nunca poderia

---

[15] Art. 483. A compra e venda pode ter por objeto coisa atual ou futura. Neste caso, ficará sem efeito o contrato se esta não vier a existir, salvo se a intenção das partes era de concluir contrato aleatório.

[16] Risco é na *quantidade,* então se não vier nada, ou se nada for produzido, o preço não será devido – art. 459 do CC/2002.

[17] O comprador assume o risco da *existência* – o preço é devido, mesmo que nada se apure do evento no qual se insere a álea – art. 458 do CC/2002.

> supor que ali estivera, houve sorte. Mas de parte do cavalo, que foi achado (poderia ser por qualquer um que não o estivesse procurando), houve um acidente.
>
> O tema do acaso sempre trouxe repercussões para o direito. O esforço doutrinário em distinguir força maior de caso fortuito tem a ver com isso. Esses termos costumam ser associados à noção de risco, em face de ocorrências que, por serem imprevisíveis e inevitáveis (acaso por acidente) isentam de responsabilidade.[18]

Ainda, sob o enfrentamento da álea, o professor Tércio Sampaio Ferraz Júnior destaca a distinção entre condição aleatória, da obrigação aleatória. A condição aleatória seria típica de entabulações de apostas e das promessas de recompensa, ao passo que, obrigação aleatória se insere na disposição exclusiva das partes:

> Nos contratos aleatórios, a álea está no próprio objeto: por exemplo, comprar o que vier a ser pescado pelo barco, vender ao valor que vier a alcançar em determinado prazo. Mas, nos contratos sob condição aleatória, a álea referente à implementação ou não de uma condição suspensiva não é, propriamente, o objeto da obrigação, mas a circunstância que confere eficácia à prestação prevista. Inserida num contrato, ela lhe torna incerta a eficácia da obrigação prevista, mas não faz do contrato um contrato aleatório.
>
> Isto porque não é pura e simplesmente a inserção de álea no negócio que faz dele um contrato sob condição aleatória, mas sim o modo como a aleatoriedade da obrigação nele se constitui.
>
> Mas a aleatoriedade presente na obrigação condicional – contratos sob condição aleatória suspensiva – está presente, por sua vez, também em negócios jurídicos unilaterais que podem ter uma proximidade com o negócio bilateral mencionado (aleatoriedade na circunstância, condição de eficácia), mas dele se diferenciam pela unilateralidade.

---

[18] FERRAZ JÚNIOR, Tércio Sampaio. Do negócio jurídico de distribuição de prêmios mediante sorteio a título de propaganda comercial. *In*: CASTRO, Rodrigo Rocha Monteiro de; WARDE JÚNIOR, Walfrido Jorge; GUERREIRO, Carolina Dias Tavares (Coord.). *Direito empresarial e outros estudos em homenagem ao Professor José Alexandre Tavares Guerreiro*. São Paulo: Quartier Latin, 2013, p. 665.

Nesse caso está a relação de promessa de recompensa e, dentre os seus casos, a recompensa mediante sorteio (sorte).[19]

Cumpre registrar que o direito potestativo do credor jamais pode representar uma condição meramente potestativa, uma vez vedada pelo art. 122, do Código Civil.[20] Daí a necessidade de se investigar o caso concreto, para aferir se ficou ao talante exclusivo do credor exigir a obrigação do devedor, sem que haja bases seguras que garantam diretrizes para o modo de se exercer o direito potestativo. A exemplo de condição puramente potestativa, teria um Contrato de Opção sem prazo determinável, o que poderia ensejar ao credor obrigar o devedor a firmar o contrato definitivo a seu talante. Óbvio que a solução aplicável seria pela razoabilidade, de modo a afastar o risco da prevalência de uma condição nula, que seria aquela puramente potestativa.

Há de se observar, também, na linha da doutrina mais rigorosa, que o Contrato de Opção não admite cláusula de arrependimento. Isto, por certo, o diferencia do simples contrato preliminar unilateral, que pode conter tal dispositivo de revogação. John Calamari e Joseph M. D. Perillo tratam as opções como *Irrevocable Offers* (oferta irrevogável),[21]

---

19 FERRAZ JÚNIOR, Tércio Sampaio. Do negócio jurídico de distribuição de prêmios mediante sorteio a título de propaganda comercial. *In*: CASTRO, Rodrigo Rocha Monteiro de; WARDE JÚNIOR, Walfrido Jorge; GUERREIRO, Carolina Dias Tavares (Coord.). *Direito empresarial e outros estudos em homenagem ao Professor José Alexandre Tavares Guerreiro*. São Paulo: Quartier Latin, 2013, p. 666-667.

20 Art. 122. São lícitas, em geral, todas as condições não contrárias à lei, à ordem pública ou aos bons costumes; entre as condições defesas se incluem as que privarem de todo efeito o negócio jurídico, ou o sujeitarem ao puro arbítrio de uma das partes.

21 *a) What Makes an Offer Irrevocable: The term "option contract" is often used interchangeably with the term "irrevocable offer". Although the two sets of words are not precisely interchangeable, any distinction does not carry any importante Implications. Most offers are revocable. One of the classic ways of rendering an offer irrevocable is by the offeror's acceptance of a consideration in exchange for a promise to keep the offer open. Such an offer is often called an "option contract". If A makes an offer to sell specific real property to B for a specified price and states that the offer is open for ten days, the offer is revocable even if A stated that the offer was irrevocable for ten days.* (CALAMARI, John; D. PERILLO, Joseph M. *Contracts*. 5. ed., St. Paul, MN: Thompson, 2003, p. 117).

o que nos parece perfeito e suficiente para qualificar a Opção em nível mais exigente do que o mero contrato preliminar unilateral.

A Opção é, como já dito, por excelência, contrato aleatório, dividindo-se em Opções europeia e americana – seja na *Call*, seja na *Put*, dependendo do prazo para exercício.

As Opções são, também, derivativos negociados em bolsas, consistindo em ferramenta de gestão e até especulação no ambiente dos valores mobiliários. Inexplicavelmente, as Opções, no Brasil, salvo melhor juízo, são mais conhecidas neste âmbito financeiro do que nas rotinas contratuais, necessitando o instituto da atenção dos juristas pátrios, para lhe dar mais aplicação. O Contrato de Opção, como os contratos a termo, entre outros, tiveram permissão para negociação em bolsa, o que representou grande avanço, praticidade e segurança na ferramenta de gestão. Na França, berço da Opção, o legislador cuidou de ser pioneiro em incluí-la no rol dos produtos negociáveis no mercado de valores mobiliários,[22] como hoje ocorre normalmente em muitos mercados que negociam derivativos.

Inúmeras são as finalidades da Opção, seja como instrumento estabilizador e garantidor das legítimas expectativas negociadas, de modo que o objeto contratual principal fique sobrestado, até momento ulterior, para exames de documentos e regularidades (*due diligence)*, obtenção de recursos financeiros para concretização do pagamento do preço, ou mesmo para que o credor decida com o cuidado necessário sobre a viabilidade do negócio, dentro do prazo de exercício determinado ou determinável pelas circunstâncias, segundo autoriza a lei brasileira, da forma que está redigida. A Opção também é utilizada como ferramenta societária,[23] seja como porta de saída conferida a um

---

22 *La loi n. 88-70 du 22 janvier 1988 réformant lês attributions de la Commission des opérations de bourse a consacré la théorie du contrat négociable. L'article ler de l'Ordenance de 1967 dispose que la C.O.B. veille au fonctionnement des marches de valeurs mobilières, de produits financiers ou de contrats à term négociables. L'expression n'avait pás été employée dans la première version des textes relatifs au M.A.T.I.F. Afin de clarifier le domaine de ce marche, la loi du 26 juillet 1991 a amélioré le texte de 1985 que modifiait la loi de 1885.* (CAUSSE, Herve. *Les titres négociables.* Paris: Litec, 1993, p. 434-435).

23 "Outra variedade de instrumentos destinados a preencher interesses entre grupos de sócios diversos entro de sociedades empresárias está na utilização das opções

sócio, para que não seja compelido a permanecer na sociedade, hipótese em que poderia este compelir o devedor da Opção a comprar-lhe as quotas ou ações, consistindo em uma *Put Option*, ou, simplesmente, Opção de Venda, ou, ainda, via para dar saída a um sócio, por interesse do credor da Opção, o que se daria pela *Call Option*, ou, Opção de Compra. Não raras vezes, a Opção serve como incentivo para os colaboradores, por meio da qual adquirem o direito de comprar ações ou quotas, nas condições firmadas no termo da *stock option*. Na França, a Opção é tratada no Código Civil, no título destinado exclusivamente ao contrato de compra e venda,[24] tendo requisitos de forma, portanto, naquele Estado é um contrato solene,[25] no caso, o registro do instrumento no prazo de dez dias.

No Brasil, a Opção não requer forma especial, muito menos qualquer registro, podendo servir como eficiente ferramenta aplicada nas rotinas negociais e estratégicas de empresas. Este trabalho objetiva concitar o meio acadêmico a incursões neste importante contrato.

Put e *Call*. Por meio da *Put Option*, seu titular obriga a outra parte a comprar suas quotas ou ações. Ao usar a *Call Option*, por sua vez, um dos sócios obriga o outro a vender-lhe sua parte de capital. A utilidade de tais cláusulas é bastante clara. Se um sócio ou grupo de sócios sente-se ameaçado pelo outro e deseja sair da sociedade, faz uso da *Put Option*. Em situação oposta, caso um grupo esteja negociando a venda de suas ações ou quotas para terceiro e não deseje a interferência do outro grupo, faz uso da *Call Option*, afastando, por este meio, o sócio que poderia atrapalhar seu negócio." (VERÇOSA, Haroldo Malheiros Duclerc. *Curso de direito comercial 4*. Fundamentos da teoria geral dos contratos. São Paulo: Malheiros, 2011, v. 4, t. I, p. 182-184).

24 Chapitre Ier: De la nature et de la forme de la vente.

25 *Article 1589-2 (Créé par Ordonnance n° 2005-1512 du 7 décembre 2005 – art. 24 JORF 8 décembre 2005 en vigueur le 1er janvier 2006) Est nulle et de nul effet toute promesse unilatérale de vente afférente à un immeuble, à un droit immobilier, à un fonds de commerce, à un droit à un bail portant sur tout ou partie d'un immeuble ou aux titres des sociétés visées aux articles 728 et 1655 ter* du code général des impôts, si elle n›est pas constatée par un acte authentique ou par un acte sous seing privé enregistré dans le délai de dix jours à compter de la date de son acceptation par le bénéficiaire. Il en est de même de toute cession portant sur lesdites promesses qui n›a pas fait l›objet d›un acte authentique ou d›un acte sous seing privé enregistré dans les dix jours de sa date. Dispónível *em:* <http://www.legifrance.gouv.fr/affichCode.do;jsessionid=F6697B4176102D0C551652D21885D27A.tpdjo04v_2?idArticle=LEGIARTI000006441291&idSectionTA=LEGISCTA000006136377&cidTexte=LEGITEXT000006070721&dateTexte=20100118>.

3.2 FINALIDADE DA OPÇÃO

O Contrato de Opção vem sendo utilizado nas situações em que o oblato, beneficiário, ainda, não tem certeza sobre a conveniência de firmar o negócio definitivo, adotando como instrumento a Opção, mediante pagamento ou não de retribuição denominada "prêmio" ou "indenização pela imobilização", para reservar para si o direito de, no futuro, firmar o contrato definitivo.

É comum a utilização da Opção quando o interessado não dispõe de recursos imediatos e, para não perder o negócio, enquanto busca os recursos financeiros, vale-se de tal contrato preliminar. Outra hipótese é que o beneficiário não sabe se poderá utilizar o bem da forma pretendida, como, por exemplo, o caso de uma aquisição de imóvel para a realização de empreendimento imobiliário (que deve ser precedida de avaliação das leis de zoneamento, restrições ambientais, existência de passivos ambientais etc.).[26]

O Contrato de Opção ocorre em diversos eventos da vida civil, como, por exemplo, nas reservas de ingressos em teatros ou mesas em restaurantes, podendo, portanto, a Opção ter como foco a compra, a venda ou mesmo a prestação de determinado serviço. Apesar da abordagem de Sílvio de Salvo Venosa[27] sobre a possível qualificação da Opção como negócio preliminar, o que se rechaça neste estudo, trouxe bons exemplos sobre algumas aplicações da Opção.[28]

No agronegócio, juristas têm dedicado espaço especial para a Opção, destacando sua função econômica, seja ela para comprar ou para vender a *commodity* objeto da negociação, seja para o produto disponível ou futuro, podendo ser à vista (*spot*) ou a termo, com importante

---

26 PERES, Tatiana Bonatti. *Opção de compra*. Curitiba: Juruá, 2011, p. 99.

27 VENOSA, Sílvio de Salvo. *Direito civil*. 3. ed. São Paulo: Atlas, 2003, p. 421.

28 "É típico pacto de opção a reserva de compra ou aquisição de serviços. Quando reservamos ingressos em um teatro, uma mesa num restaurante ou uma mercadoria de gênero restrito, garantimos, durante certo prazo, o direito da parte em exercer a opção. Decorrido esse prazo, o titular dos bens ou serviços fica livre para aliená-los a terceiros." (VENOSA, Sílvio de Salvo. *Direito civil*. 3. ed. São Paulo: Atlas, 2003, p. 422).

função de gerenciamento de riscos de preços,[29] entre outras funções, como a própria fluidez na aquisição de insumos e venda da produção, na primeira hipótese por meio da *Call* (opção de compra), na segunda da *Put* (opção de venda).

É comum, ainda, a utilização das Opções nos negócios imobiliários rurais, com mais frequência nos arrendamentos, cujo proponente, normalmente o arrendador, firma a Opção para que o arrendatário, o oblato, exerça ou não a Opção em determinado prazo.

Admite-se, finalmente, na doutrina do Direito e Economia, a utilização da Opção até como instrumento para compensar lesão, ou seja, para admitir um dano, cujo instrumento de Opção já travaria o valor da indenização, mediante pagamento do prêmio.

Em sua obra, *Os Contratos de Derivativos e a Teoria da Imprevisão*, Paula Greco Bandeira, define que o Contrato de Opção:

> [...] consiste no negócio pelo qual uma parte se obriga a conceder a outra, mediante o pagamento de um preço (prêmio), o direito de adquirir ou vender, em prazo prefixado, certa quantidade de bens (mercadorias, títulos, moedas etc.), a preço predeterminado (preço de exercício ou *strike price*). O beneficiário tem o direito potestativo de exercer a opção.[30]

A Opção, sob o enfoque de investimento, apesar de ocupar espaço importante no ambiente econômico e no mundo dos negócios, tem sua abordagem – como valor mobiliário ou ativo financeiro – subsumida nos contornos comuns do direito aqui enfrentado. Os malabarismos operados pelos investidores, no afã de buscarem rendimentos máximos, dentro de um cenário de travamento de perdas, interessam aos estudos gerenciais, não ao direito, que apenas fornece a via contratual com suas regras de aplicação.

---

29 MATOS, Alan Kardec Veloso de; ALVARENGA, José Eduardo de. A bolsa de mercadorias e futuros. *In*: QUEIROZ, José Eduardo Lopes; SANTOS, Márcia Walkíria Batista dos (Coord.). *Direito do agronegócio*. 2. ed. ampl. Belo Horizonte: Fórum, 2011,p. 293-295.

30 BANDEIRA, Paula Greco. Os contratos de derivativos e a teoria da imprevisão. *In*: TEPEDINO, Gustavo; FACHIN, Luiz Edson (Org.). *Obrigações e contratos:* contratos: formação e regime. Revista dos Tribunais – 100 anos. São Paulo: Revista dos Tribunais, 2011, v. IV, p. 782.

A Opção, como contrato preliminar, tem suas incompletudes econômicas intrínsecas, principalmente em função do hiato entre sua celebração até o momento da contratação definitiva. Somando-se a tais incompletudes econômicas, há a incompletude criada pelo legislador, ao permitir o exercício do direito potestativo em prazo razoável, tornando a investigação um verdadeiro banquete acadêmico, como energia de ativação para outras incursões teóricas acerca dos contratos preliminares. Não bastasse isso, a regra positivada no art. 466, do Código Civil, reclama esforço integrativo, para que faça sentido e ofereça segurança jurídica ao funcionamento do instituto da Opção. Este livro cuidou de apresentar o Contrato de Opção e abordar alguns aspectos de suas incompletudes, oferecendo soluções à luz do Direito Empresarial, na concepção do Direito e Economia, sugerindo-se, ao final, nova redação de dispositivo do Código Civil, de acordo com a técnica necessária que deve ser aplicada à Opção.

3.3 QUALIFICAÇÃO JURÍDICA DO CONTRATO DE OPÇÃO

Nem sempre a Opção se revela com esta nomenclatura e, não raras vezes, os contratos preliminares intitulados pelas partes como bilaterais apresentam componentes que os tornam unilaterais, por meio de cláusulas discretas ou até dissimuladas em condições que, na verdade, outorgam a um dos contratantes o direito de firmar ou não o negócio definitivo.

Não se pode afirmar, apenas pela revelação da qualificação de tais contratos como unilaterais – e não bilaterais – que estariam acometidos de elementos sub-reptícios ou seriam negócios indiretos, fiduciários, frutos de abuso de direito ou dissimulação. Essas seriam possibilidades adjacentes, mas em nada alterariam a força coativa, acaso firmado o pacto sob o liame de vontade.

Contudo, os efeitos da qualificação jurídica que definem o contrato como de Opção podem ser diferentes daqueles encontrados nos negócios bilaterais, a começar pelo reconhecimento de um direito potestativo do credor, ou seja, daquele que poderá firmar ou não o negócio definitivo, em segundo lugar, entender que o sinal seria apenas o prêmio pela imobilização, e não arras, afastando os efeitos dos arts. 417[31] a 420[32] do Código Civil. A sutileza das disposições contratuais poderá definir o caráter do sinal, pois, sendo arras, a regra é diferente do prêmio, ou seja, enquanto a primeira confirma um negócio, a segunda atribui direito potestativo de uma das partes firmar ou não o negócio.

Vale a pena, neste estudo, para exorcizar conclusões precipitadas, que tendem a subtrair o *status* de contrato aos pactos que outorgam direito potestativo, somente a uma das partes, apresentar as formas que se revelam atos de fraude à lei, contratos indiretos e fiduciários, sendo certo que os efeitos devem ser atribuídos a partir da qualificação jurídica e não pela nomenclatura.

A fraude à lei, diferente do abuso de direito (em que não há na tipologia o propósito de obter um resultado expressamente vedado pela lei), busca alcançar resultado vedado pela lei, mas por meio da própria lei.

É bom lembrar que a Opção é contrato previsto no ordenamento jurídico pátrio, não se tratando de fraude à lei as contratações firmadas que atribuem direito apenas a uma das partes. Segundo Regis Fitchner Pereira:

> [...] atos *in fraudem legis* seriam aqueles em que a inobservância da norma se daria de forma indireta, de maneira que, à primeira vista, pareceria não ter sido produzida qualquer violação.
>
> A fraude é, assim, meio pelo qual o agente consegue alcançar um resultado proibido através de atos que não contrariam as palavras da lei, mas que contrariam seu sentido.
>
> O ato que aparentemente não viola qualquer disposição legal está na verdade frustrando a finalidade de uma norma jurídica, já que por meio dele alcançou-se, ainda que não diretamente, o resultado nela previsto (ou pelo menos a ele equivalente) e por ela proibido.[33]

---

31 Art. 417. Se, por ocasião da conclusão do contrato, uma parte der à outra, a título de arras, dinheiro ou outro bem móvel, deverão as arras, em caso de execução, ser restituídas ou computadas na prestação devida, se do mesmo gênero da principal.

32 Art. 420. Se no contrato for estipulado o direito de arrependimento para qualquer das partes, as arras ou sinal terão função unicamente indenizatória. Neste caso, quem as deu perdê-las-á em benefício da outra parte; e quem as recebeu devolvê-las-á, mais o equivalente. Em ambos os casos não haverá direito a indenização suplementar.

33 PEREIRA, Regis Fitchner. *A fraude à lei.* Rio de Janeiro: Renovar, 1994, p. 15.

José Roberto de Castro Neves[34] aborda, também, a hipótese de fraude à lei, comparando-a com a simulação, defendendo que, embora sejam distintas, apresentam semelhanças. Ainda segundo o autor,[35] pode-se dizer que a fraude à lei será, por vezes, uma espécie do gênero das simulações.

Não é vedado pela lei firmar contratos em que apenas uma das partes tenha obrigações, mas é vedado que, sob dissimulação, criem-se expectativas aparentemente bilaterais, enquanto são, na verdade, unilaterais. Também, é vedada a inserção de condições impossíveis, que façam gravitar sobre uma das partes um direito puramente potestativo que, na verdade, servirá para subtrair do contrato o atributo da vontade.

De nada adianta firmar-se, por exemplo, uma promessa de compra e venda, com aspecto de bilateral, contudo, em seu âmago, planta-se uma cláusula que faculte a uma das partes liberar-se da obrigação. Outra possibilidade pode ser visualizada quando se insere no pacto cláusula de implemento impossível, que culmine na resolução, o que dará ao credor da condição o direito de acionar o dispositivo, para se ver livre do contrato e da obrigação firmada. Há de se examinar cuidadosamente os termos do contrato, a fim de encontrar sua verdadeira qualificação e, ainda, identificar seus vícios fatais, tanto por obra de dissimulação.

É necessário afirmar que o contrato com aspecto de bilateral pode ser convertido em unilateral, por meio da conversão, art. 170,[36] do Código Civil, ou 184,[37] conforme o caso e sempre com base na da

---

34 NEVES, José Roberto de Castro. *Uma introdução ao direito civil* – parte geral. 2. ed. Rio de Janeiro: Forense, 2007, p. 151-152.

35 NEVES, José Roberto de Castro. *Uma introdução ao direito civil* – parte geral. 2. ed. Rio de Janeiro: Forense, 2007, p. 151-152.

36 Art. 170. Se, porém, o negócio jurídico nulo contiver os requisitos de outro, subsistirá este quando o fim a que visavam as partes permitir supor que o teriam querido, se houvessem previsto a nulidade.

37 Art. 184. Respeitada a intenção das partes, a invalidade parcial de um negócio jurídico não o prejudicará na parte válida, se esta for separável; a invalidade da obrigação principal implica a das obrigações acessórias, mas a destas não induz a da obrigação principal.

análise da vontade declarada, o que, mais uma vez, remete-nos à fase negocial, que antecede o contrato preliminar.[38]

Diante do entendimento acima colacionado, fica clara a assertiva de que firmar Opção não significa abuso de direito contratual, mas de exercício do direito de contratar sob risco consentido, cuja avença outorga direito a uma das partes, enquanto, no abuso de direito, o dito abuso está no exercício do direito potestativo, caracterizado pela extravagância do modo de atuação do sujeito em relação ao conteúdo da potestatividade.

Sendo assim, a Opção não autoriza o devedor a alegar abuso do direito do credor, caso o conteúdo econômico sofra alterações no tempo compreendido entre a data de formação do contrato e a do exercício.[39]

---

[38] "Tal como ocorre na simulação, o ato ocorrido em fraude à lei é aparentemente lícito, mas atinge efeito jurídico que, na prática, equivale à situação vedada pela lei.
A lei, é óbvio, se exterioriza da forma escrita, por meio de palavras. A interpretação literal da norma permite concluir aquilo que foi dito. Entretanto, o espírito da lei, a sua razão de ser, é normalmente, maior do que aquilo que se encontra externado. Por essa razão, a interpretação teleológica da lei – na qual se afere a finalidade da norma – é fundamental, pois apenas dessa forma se conseguirá atingir o verdadeiro objetivo da regra legal.
Muitas vezes, a pessoa atende à letra da lei, mas se distancia do seu espírito. Na fraude à lei, a pessoa age de acordo com a letra da regra legal, mas foge ao verdadeiro interesse da norma.
[...]
Em muitas ocasiões haverá a conjunção da fraude à lei com a simulação. Tome-se a seguinte situação: uma pessoa tem dois filhos. Um deles é o querido, o outro, a ovelha negra. O pai quer beneficiar o filho amado e decide passar todos os seus bens para ele. Ocorre que o artigo 496 do Código Civil veda a venda de bens de ascendente para descendente sem a autorização dos demais filhos. Como o pai e o filho dileto não querem que essa transferência seja descoberta, a venda é feita a uma pessoa jurídica, que tem como sócio majoritário exatamente o filho amado. Ao descobrir o ardil, o filho prejudicado pode requerer a invalidade do negócio da compra e venda. Neste exemplo, a simulação resultou em fraude à lei.
Em resumo, na simulação absoluta nada é querido e não existe nenhum ato; na simulação relativa, há ocultação do ato realmente desejado; e, por fim, na fraude à lei, quer-se realizar o ato, mas ele ofende o espírito da norma" (NEVES, José Roberto de Castro. *Uma introdução ao direito civil*: parte geral. 2. ed. Rio de Janeiro: Forense, 2007, p. 151-152).

[39] "O art. 188 do Código, já se ressaltou, resguarda que não haverá ato ilícito se o sujeito estiver agindo no exercício regular de um direito. Porém, eventualmente,

De acordo com José Roberto de Castro Neves:

> O direito deve ser praticado para atingir um fim admitido pelo ordenamento. Sob outro ângulo, não pode o titular do direito exercê-lo de modo antissocial. Haverá abuso de direito quando o poder

---

o titular de um direito pode exercê-lo de forma antijurídica, contrariando a sua real finalidade, violando o interesse social. Nesses casos, estará atuando com abuso de direito.

Com efeito, o poder de impor um dever jurídico deve sempre ser orientado no sentido de obter algum proveito para alguém (ainda que seja um benefício apenas moral), nunca o de somente causar um prejuízo, uma dificuldade ou um ônus.

O direito não pode servir de instrumento de opressão, não pode alimentar um desprezível capricho, um meio de seu titular constranger desnecessariamente outrem.

Se, ao realizar o ato, o titular do direito se afasta do seu regular uso, comete-se abuso de direito, que o ordenamento trata tal qual um ato ilícito.

A propósito, vale citar o caso Clement-Bayard, um dos julgamentos emblemáticos acerca do tema, ocorrido na França, em 1913. Ocorreu que o vizinho de um hangar de dirigíveis resolveu erigir, em sua propriedade, duas enormes construções de madeira, com afiadas pontas de ferro no seu topo. Os espigões não tinham outra finalidade senão a de impedir que seu vizinho pousasse os balões no imóvel contíguo. Evidentemente, todo proprietário tem direito de construir em seu terreno. No caso, contudo, as construções visavam apenas a molestar o vizinho. Pior: o construtor dos espigões pretendia vender seu imóvel ao baloeiro por um preço superior ao do mercado. A questão foi julgada pelos tribunais franceses. Entendeu-se que o vizinho do baloeiro, que edificara os enormes espigões, havia atuado com abuso de direito, isto é, o titular estava exercendo sua faculdade de construir apenas para criar uma situação nociva ao seu vizinho, o que não se poderia admitir.

[...]

Houve o caso de um milionário que adquiriu um quadro de girassóis amarelos de Van Gogh e, no seu testamento, pediu para ser enterrado com a obra de arte. Morto o ricaço, várias instituições e amantes de arte do mundo buscaram impedir a consumação da cláusula testamentária, que, na prática, iria impedir que o quadro fosse visto e admirado. Venceu a tese do abuso de direito. Haveria abuso do proprietário, ao destinar seu bem a ficar guardado para sempre em uma urna funerária. Não há dúvida de que é direito do proprietário dar aos seus bens o destino que bem entender. Ainda, ao que tudo indica, o milionário não pensou em lesar ninguém. Contudo, objetivamente, a pretensão do dono do quadro era contrária ao interesse social, de que as obras de arte devam ser preservadas." (NEVES, José Roberto de Castro. *Uma introdução ao direito civil* – parte geral. 2. ed. Rio de Janeiro: Forense, 2007. p. 177-178.

conferido pelo ordenamento jurídico for exercido de modo contrário à sua finalidade, consoante a regra do art. 187, do Código Civil.

Semelhante, não se admite o ato emulativo, no qual uma pessoa exerce um direito apenas para constranger outrem, sem um propósito justo (O Código Civil alemão, ao apreciar o fenômeno do abuso de direito, releva os aspectos subjetivos – como se vê do art. 226 –, ou seja, a intenção do agente em prejudicar alguém).

No Brasil, a corrente mais aceita acerca do abuso de direito põe a tônica em dados objetivos, 'como a compatibilidade entre o comportamento adotado e o fim econômico ou social visado pela norma atributiva do direito.[40]

No que tange ao abuso de direito, que pode ser verificado inclusive no direito de contratar, Ronnie Preuss Duarte cuidou de indicar sua origem, que não se confunde com a decisão da parte contratante de optar por entregar à faculdade da outra parte contratar ou não. Não se trata, portanto, de abuso de direito, mas de exercício regular do direito de contratar, mesmo que isso implique em renúncia a manifestar qualquer vontade, acaso o oblato opte por firmar o contrato definitivo. Por meio do exemplo, será melhor visualizada a ausência de similitude entre abusar de um direito e firmar contrato pelo qual a outra parte abre mão, conscientemente, do poder deliberativo, quanto à formação do contrato principal:

> A origem do abuso de direito se deu na França, no início do século XIX, logo em seguida à promulgação do Code Napoleón. Construção originalmente jurisprudencial, a figura do abuso de direito foi proclamada pelos tribunais franceses m 1808 com a condenação de um industrial cuja fábrica de chapéus expelia vapores desagradáveis para a vizinhança. Abusava assim de seu direito de propriedade e de exercício profissional. A expressão 'abuso de direito' é atribuída ao autor belga Laurent.[41]

---

40 NEVES, José Roberto de Castro. *Direito das obrigações:* parte geral. Rio de Janeiro: GZ, 2009, p. 81-82.

41 DUARTE, Ronnie Preuss. Boa-fé, abuso de direito e o novo Código Civil Brasileiro. *Revista dos Tribunais,* v. 817, p. 50, nov. 2003.

Já o negócio jurídico indireto significa obter resultado final diferente do escopo, pela atipicidade entre fins e meios,[42] ou seja, é disfunção diferente do abuso de direito. No caso particular da Opção, o instrumento contratual deverá revelar se de fato está sendo outorgado, por ato de vontade inequívoca, direito a somente uma das partes. Qualificar um contrato como sendo de Opção – cuja unilateralidade deve ser oriunda da vontade e não de armadilhas contratuais – exige investigação, a fim de concluir se o proponente pretendeu atribuir o direito potestativo ao credor ou se este não construiu pretexto para desonrar o contrato, dando-lhe o tom de Opção, hipótese que não admitirá a conversão do negócio jurídico,[43] mas, sim, sua completa nulidade, pelo vício de vontade.

Os civilistas Gustavo Tepedino, Heloisa Helena Barboza, Maria Celina Bodin de Moraes assim se posicionaram:

> O instituto da conversão. Inova o legislado ao prever o instituto da conversão, inexistente no texto codificado de 1916. A essência da conversão do negócio jurídico reside na abertura, para o intérprete de, perante um negócio a que falte um elemento inderrogável, qualificá-lo em outro tipo, mediante o aproveitamento dos elementos prestantes.[44]

Afirma-se, sem medo de errar, que não cabe aplicação da conversão de contrato aparentemente bilateral para contrato unilateral, quando se percebe que a unilateralidade decorreu acidentalmente, e não por convenção negociada, portanto, em se tratando de negócio

---

[42] CARVALHO, Orlando de. *Escritos páginas de direito I.* Coimbra: Edições Globo, 1998.

[43] Conversão é diferente de redução do negócio jurídico, conforme a seguinte lição: "Dá-se a redução do negócio jurídico quando o negócio parcialmente nulo sofre uma alteração quantitativa. Subsiste o mesmo negócio, porém, amputado. Na conversão, ao contrário, opera-se uma alteração qualitativa do negócio totalmente nulo, Quando se verifica mudança do tipo ou natureza do negócio, encontra-se na esfera da conversão e não da redução." (TRIGINELLI, Wânia do Carmo de Carvalho. *Conversão de negócio jurídico.* Belo Horizonte: Del Rey, 2003, p. 127.

[44] TEPEDINO, Gustavo; BARBOZA, Heloisa Helena; MORAES, Maria Celina Bodin de. *Novo Código Civil interpretado.* 2. ed. Rio de Janeiro: Renovar, 2007, v. 1, p. 321.

jurídico indireto ou fiduciário[45]-[46], não se poderá salvar o instrumento com decisão que leve à unilateralidade por defeito técnico do instrumento ou malícia.

Pode ocorrer de um contrato com aspecto de bilateral seja, na verdade, unilateral, como, por exemplo, na promessa de compra e venda em que uma das partes reserva para si o direito de não firmar o negócio definitivo, em razão de elementos exclusivamente a ele afetos.

---

45 "Do que fica exposto, podemos concluir que tanto nos negócios indiretos como nos fiduciários o resultado final visado pelas partes discrepa do resultado jurídico normal do negócio adotado: enquanto nos negócios indiretos, essa discrepância caracteriza-se apenas pela atipicidade desse efeito final em relação aos efeitos normais do negócio-meio adotado, os negócios fiduciários caracterizam-se pelo fato de o negócio-meio representar um excesso em relação ao fim visado. No negócio indireto, o negócio-meio adotado pelas partes visa um fim ulterior que, umas vezes, será o de um verdadeiro negócio jurídico, outras vezes consistirá num mero resultado jurídico diferente. Isto é, não será neste caso, o fim de um negócio típico, mas tipificável, no sentido em que esta palavra é usada por Betti: negócios que, embora atípicos, são suscetíveis de serem elevados a tipos, segundo a consciência social dominante em dado momento histórico. [...] (Antonio Junqueira de Azevedo, Negócio Jurídico; Existência, p. 78). Nos negócios indiretos e fiduciários inexiste qualquer aparência de negócio; naqueles o negócio-meio adotado pelas partes (forma e conteúdo) é real, embora constitua meio para alcançar um resultado não homogêneo com esse meio". (MIRANDA, Custódio da Piedade Ubaldino. Negócio jurídico indireto e negócios fiduciários. *Revista de Direito Civil, Imobiliário, Agrário e Empresarial,* n. 29, p. 81, jan./mar. 1984).

46 "Segundo Regelsberger a característica específica dos negócios fiduciários está 'numa incongruência ou inomogeneidade do meio em relação ao escopo'; as partes servem-se de uma forma jurídica cujos efeitos são mais amplos, representam um excesso em relação ao escopo visado.

Mas a essa concepção não faltaram críticas com o fundamento de que o escopo fiduciário não pode ser atingido senão mediante o meio jurídico adotado (no negócio translativo) que, em relação ao escopo fiduciário, é como um instrumento necessário.

Para Cariota Ferrara tanto a fidúcia do tipo romano com a do tipo germânico podem reconduzir-se a um único esquema conceitual genérico na medida em que, nos dois tipos de fidúcia, o que se vê é a atribuição ao fiduciário de um poder jurídico pra a obtenção de escopos mais restritos, um excesso do meio em relação ao fim visado." (MIRANDA, Custódio da Piedade Ubaldino. Negócio jurídico indireto e negócios fiduciários. *Revista de Direito Civil, Imobiliário, Agrário e Empresarial,* n. 29, p. 81, jan./mar. 1984).

Esta hipótese de dissimulação da unilateralidade não se confunde com os contratos nos quais se encontram cláusulas resolutivas expressas ou de arrependimento, mas de verdadeira armadilha montada com o propósito de desobrigar uma das partes, por mero talante.

A Opção não é contrato bilateral, apesar de se originar de um negócio bilateral, como adverte Tatiana Peres,[47] uma vez que implica na vinculação do proponente ao exercício ou não do direito potestativo do oblato, beneficiário, de firmar ou não o negócio principal. Nasce, entre os contratantes, uma situação jurídica de potestatividade. O oblato é o credor da opção, que poderá livremente exercer ou não o direito de firmar o negócio principal, enquanto o devedor, o proponente da opção, fica obrigado a firmar o contrato definitivo, se assim o quiser o oblato. No ato da celebração da Opção, o outorgante já manifestou sua vontade de efetivar o eventual contrato que possa surgir no futuro, se assim quiser o outorgado. É o que ensina o Professor Luiz Gastão Leães:

> Trata-se, enfim, de um contrato, mediante o qual estipulam as partes que uma delas permanece vinculada à execução de uma prestação, enquanto a outra se reserva a faculdade de exigir ou não o cumprimento da obrigação. [...] A opção importa, assim, na outorga de um direito potestativo, entendendo-se como tal os poderes pelos quais os seus titulares podem influir em situações jurídicas preexistentes, modificando-as, extinguindo-as ou criando novas, através de uma atividade própria unilateral. Basta que o beneficiário da opção declare que quer exercer o seu direito, para que o

[47] PERES, Tatiana Bonatti. *Opção de compra.* Curitiba: Juruá, 2011, p. 81: "Um negócio jurídico bilateral através do qual uma pessoa – o outorgante – manifesta sua vontade de concluir um contrato preliminar ou definitivo de compra e venda de determinado bem, conferindo a outra pessoa – o beneficiário – durante o prazo acordado, o direito irrevogável de concluir de forma unilateral o contrato projetado, sendo a sua manifestação de vontade suficiente para o nascimento do contrato projetado na opção de compra [...]." No mesmo sentido, posiciona-se Luiz Gastão Paes de Barros Leães, para quem a opção de compra "é o contrato através do qual uma das partes se compromete a alienar à outra um determinado bem, se esta manifestar interesse em adquiri-lo, no prazo convencionado". Trata-se, portanto, de uma promessa unilateral de venda – promessa a parte *venditoris* – em que o promitente se obriga a vender, enquanto a outra parte se reserva a faculdade de comprar. (*Pareceres.* São Paulo, 2004, v. II, p. 1.134).

contrato se conclua. O outorgante encontra-se numa situação de sujeição (pati), não podendo se opor à conclusão do negócio. Advirta-se que essa manifestação do titular da opção consiste numa declaração receptícia de vontade, que só produz efeito quando chega ao conhecimento do destinatário.[48]

O Contrato de Opção, apesar de não ser o contrato definitivo, constitui um contrato definitivo semicompleto,[49] mas que necessita reunir todos os elementos essenciais ao negócio definitivo. Isso não quer dizer, entretanto, que a Opção deva conter todos os requisitos indispensáveis ao contrato principal, mas apenas que os elementos fundamentais deste ajuste sejam determináveis.[50] Assim, na Opção de Compra devem constar os três elementos essenciais para a celebração de um contrato de compra e venda, os quais, como se sabe, são (a) o preço; (b) a coisa; e (c) o consenso.

Além disso, o Contrato de Opção de Compra deve estabelecer uma limitação temporal para o exercício do direito potestativo pelo beneficiário, ou tempo razoável, como tem sido admitido, sendo prescindível, contudo, a existência de uma contraprestação financeira direta para sua validade e eficácia,[51] pois a lei brasileira não impõe a existência de contraprestação.

A dicção "assinado pelo devedor"[52] (art. 466, CC/2002) deve ser entendida como circunstância subjetiva, aplicada para relativizar o contexto da álea, presumindo, inclusive, simetria informacional, no

---

48 LEÃES, Luiz Gastão Paes de Barros. *Pareceres.* São Paulo, 2004, v. II, p. 1.135. No mesmo sentido, posicionavam-se as lições do Professor Antônio Junqueira de Azevedo, para quem "o efeito essencial do contrato de opção consiste no direito potestativo resultante da promessa irrevogável do proponente. O proponente, renunciando à faculdade de revogar a promessa, permanece sujeito (situação de sujeição) ao poder da contraparte (direito potestativo), que detém a opção de aperfeiçoar o contrato definitivo, dito 'optativo'. (*Novos estudos e pareceres de direito privado.* São Paulo: Saraiva, 2009, p. 210).

49 LEÃES, Luiz Gastão Paes de Barros. *Pareceres.* São Paulo, 2004, v. II, p. 1.135.

50 LEÃES, Luiz Gastão Paes de Barros. *Pareceres.* São Paulo, 2004, v. II, p. 1.135.

51 PERES, Tatiana Bonatti. *Opção de compra.* Curitiba: Juruá, 2011, p. 91.

52 Art. 466. Se a promessa de contrato for unilateral, o credor, sob pena de ficar a mesma sem efeito, deverá manifestar-se no prazo nela previsto, ou, inexistindo este, no que lhe for razoavelmente assinado pelo devedor.

momento da contratação, restrita às partes. A razoabilidade só é invocada quando não há prazo previsto no instrumento da Opção.

Ao tratar do art. 466, do Código Civil, Sílvio de Salvo Venosa o distingue de um contrato preliminar, dizendo que seria uma promessa unilateral de contratar:

> O art. 466 não se refere propriamente ao contrato preliminar, mas à promessa unilateral de contratar:
>
> [...]
>
> Como é lógico, quem promete dar, fazer ou não fazer algo não pode ficar indefinidamente vinculado. Se não houver prazo na promessa, cujo decurso por si só desobriga o promitente, deve este conceder um prazo para que o interessado se manifeste. Em várias situações práticas a promessa unilateral é utilizada, como, por exemplo, na opção que se dá a um credor, para alienar determinado bem.[53]

A Opção é verdadeiro contrato, contudo, unilateral, o que deve – provavelmente – ter provocado algum desconforto em Silvio de Sálvio Venosa para admitir sua eficiente força coativa, transcendente a uma promessa negocial. O art. 466, do Código Civil, apesar de abordar a promessa, a ela não se restringe, pois o ordenamento jurídico completa seu caráter, principalmente, no art. 463, do Código Civil, imprimindo-lhe, indiscutivelmente, absoluta força coativa, como convém a um Estado eficiente, conforme recomenda Jurgen Habermas:

> A pretensão de legitimidade do direito pode, quando muito, preservar seu sentido, caso o juiz, imitando o político, tome suas decisões voltado ao futuro e inspirando-se em orientações axiológicas que ele tem como racionais. O direito passa a valer, então, como instrumento do controle do comportamento a ser acionado para fins racionais, isto é, fins políticos fundamentados utilitaristicamente de acordo com o bem estar econômico. As escolas realistas submeteram a representação idealista dos participantes do processo, segundo o qual todos (ou a maioria) dos casos podem ser decididos correta e consistentemente na base do direito vigente, a uma crítica dissuasiva, na perspectiva do observador. De outro lado,

---

53 VENOSA, Sílvio de Salvo. *Direito civil.* 3. ed. São Paulo: Atlas, 2003, v. II, p. 424.

porém, a prática da decisão judicial não tem como operar sem suposições idealizadoras. A renovação não-dissimulada da garantia da segurança do direito significa que a jurisdição precisa renunciar, em última instância, à pretensão de estabilizar as expectativas de comportamento, que é função do direito.[54]

O juiz, ao se deparar com um contrato que tenha em seu âmago a álea, deve arrimar seu desate exatamente na garantia das expectativas criadas pelo pacto e riscos negociados, de modo que conserve o *status* respeitoso do direito do qual é seu aplicador.

É necessário esclarecer que o Contrato de Opção é, por natureza, aleatório, podendo, contudo, ser excepcionalmente comutativo (contrato em que há equivalência nas prestações), se as partes assim determinarem em relação ao preço de exercício, nas hipóteses em que se lhe atribua equivalência econômica. Esta possibilidade é admitida, mas deve ser vista como exceção, sob pena de se transformar a Opção em proposta ou converter o direito potestativo em mera preferência. O legislador pátrio incluiu o contrato de promessa unilateral na Seção VIII, Do Contrato Preliminar, estando no Título V, Dos Contratos em Geral, portanto, não restringiu a possibilidade da Opção à compra e venda, como ocorre, por exemplo, na legislação francesa. Registre-se, ainda, que enquanto o dispositivo do art. 483, do Código Civil, ao tratar da compra e venda, admitiu a possibilidade de o contrato ser aleatório, por vontade das partes, o mesmo não foi feito, expressamente, quanto ao contrato preliminar unilateral que, por natureza, se revela aleatório. Contudo, não se pode negar a possibilidade de se transformar a Opção em contrato comutativo, desde que expressamente revelada a intenção das partes.

3.4 SUJEITOS DA OPÇÃO

A Opção tem como sujeitos o proponente e o oblato. O primeiro é quem se compromete a firmar o contrato definitivo, o devedor da Opção; o segundo, aquele que tem a faculdade de firmar ou não o contrato definitivo, o credor, que tem o direito potestativo de exercer ou não a faculdade de contratar.

---

[54] HABERMAS, Jurgen. *Direito e democracia*: entre facticidade e validade. Trad. Flávio Siebeneichler. 2. ed. Rio de Janeiro: Tempo Brasileiro, 2012, v. I, p. 249-250.

3.5 ELEMENTOS DA OPÇÃO

Quanto aos elementos da Opção, são três, a saber: preço de exercício, prazo de exercício e objeto.

Com relação ao prêmio, esse não se mostra elemento essencial a integrar a estrutura do Contrato de Opção, uma vez que, por ser esse um contrato preliminar, deve conter todos os elementos do contrato principal, inexistindo qualquer menção positivada quanto ao prêmio (art. 462 do CC/2002). O prêmio não diz respeito à forma, nem ao conteúdo da Opção, mas ao aspecto da fase negocial, que antecede ao aperfeiçoamento do contrato preliminar de Opção, cuja inserção em seu corpo apenas indicará o aspecto negocial precedente.

Ocorre que o Contrato de Opção pode ser condicional, ou seja, condicionar-se ao prévio pagamento da opção. Nesta hipótese, a Opção estará adjetivada à condição, que pode ser inserida indiferentemente em qualquer contrato.

3.5.1 Prêmio ou indenização pela imobilização

Apesar de o prêmio não integrar a estrutura do Contrato de Opção, quando existente, incorpora-se, definitivamente, no patrimônio do proponente, não sendo suscetível de indébito.

O prêmio é o valor pago pelo oblato, a título de indenização pela imobilização e afetação do bem ao âmbito de sua faculdade.

Ocorre que o prêmio pode ser imputado no preço de exercício, quando assim estipulado no Contrato de Opção. Sendo assim, pode ser entendido como desconto, pois não se pode convolar indenização em preço de exercício, isso porque, se o contrato definitivo não for firmado, não haverá preço a pagar, o que impede seja atribuída a natureza jurídica pela mera conveniência das partes.

Em alguns casos, como nos arrendamentos rurais, o prêmio normalmente é representado pelo valor excedente ao máximo legal do preço anual do arrendamento, uma vez que os contratos rurais de arrendamento e parceria são regulados pelo Estatuto da Terra e o Decreto n. 59.566/66.

O valor residual garantido – VRG do arrendamento mercantil também não se confunde com o prêmio das opções.

O valor residual garantido – VRG, típico do arrendamento mercantil, tem a finalidade de garantir o direito de comprar, mas o mesmo, necessariamente, é imputado no preço, o que não ocorre, necessariamente, na Opção.

A natureza jurídica do prêmio dos Contratos de Opção não é a mesma do VRG.

O VRG aproxima da figura do *scrow account,*[55] carecendo, contudo, a figura do terceiro envolvido que seria a instituição financeira depositária. Contudo, em sendo o *leasing* contrato de manejo exclusivo de instituição fiscalizada pelo Banco Central, pode, perfeitamente, cumular a posição de eventual credora ao encargo de depositária do valor do VRG, sendo, assim, sucedânea da figura clássica da instituição depositária da *scrow account*.

Assim, percebe-se que o prêmio da Opção tem natureza jurídica exclusiva, não se confundindo com o prêmio de seguro (que é um contrato de distribuição de riscos) ou com o VRG.

É possível que o valor do prêmio seja imputado no preço de exercício, tanto na Opção de Compra como na Opção de Venda, mas isso não o transforma, por si só, em arras.

A forma de abordar o prêmio, no Contrato de Opção, poderá dar margem para discussões de natureza tributária, pois, adotando sua qualificação jurídica como indenização pela imobilização, conforme modelo francês, a rigor, vista de maneira superficial, não implicaria sua percepção em incidência de imposto de renda, por ser mera

---

[55] *"ESCROW ACCOUNT*: conta especial instituída pelas partes junto a uma terceira entidade, sob contrato, destinada a acolher depósitos, a serem feitos pelo devedor e ali mantidos em custódia, para liberação após cumprimento de requisitos especificados." Disponível em: <http://www.bcb.gov.br/htms/Infecon/DividaRevisada/apends_gloss_bibliografia.pdf>. Acesso em: 22 abr. 2011.
"Serviços Qualificados para o Mercado de Capitais. É uma modalidade de prestação de serviços em que o Banco, como entidade independente, concorda em receber, guardar em custódia, atender e liquidar operações em favor das partes contratantes, de acordo com o pactuado em contrato, para maior conforto de obrigações financeiras garantidas ou assumidas, mantendo o controle e a supervisão por meio de Conta Vinculada, também denominada *'Escrow Account'."* Disponível em: <http://www.bradescori.com.br/uploads/conteudo/22431/09_EstruturaOperacional.pdf>.

compensação pela imobilização, mas sendo considerada retribuição pela imobilização, incidirá, sem dúvida. Quanto à tributação pelo ganho de capital, se o prêmio for imputado no preço da venda, na eventualidade de o oblato exercer o direito de comprar, passará a compor base de cálculo para o cálculo do imposto devido.

3.5.2 *Preço de exercício*

Um dos requisitos da opção é a definição do preço que, necessariamente, não precisa ser indicado por meio de expressão financeira, podendo ser definido por referência de mercado ou de bolsa, em certo e determinado dia e lugar[56] ou em função de índices ou parâmetros de objetiva determinação,[57] *e.g.*, variação de *commodities*.

É possível que o preço seja deixado ao arbítrio de terceiro, no Contrato de Opção, a teor do art. 485, do Código Civil, conforme também autoriza a *Incomplete Contract Theory*, abordada por Fernando Araújo.[58]

É claro que o preço de exercício poderá ser travado em índices, como, por exemplo, a compra e venda de um imóvel em que o preço seja um número certo de arrobas de boi ou de sacas de soja, pela cotação de determinada fonte eleita pelas partes. Contudo, se o imóvel valorizar mais que a variação das arrobas de boi ou das sacas de soja, ainda assim a quantidade dessas persistirá para quitação do preço de exercício. A utilização dos arts. 486 e 487 do Código Civil nos instrumentos, para se atualizar a expressão monetária do preço de exercício, é uma boa solução para corrigir os efeitos do tempo contra o poder econômico da moeda. Óbvio que o instrumento deverá deixar bem claro que o preço de exercício estará vinculado à variação do índice ou parâmetro eleito, com a maior indicação possível de sua fonte.

---

56 Art. 486. Também se poderá deixar a fixação do preço à taxa de mercado ou de bolsa, em certo e determinado dia e lugar.

57 Art. 487. É lícito às partes fixar o preço em função de índices ou parâmetros, desde que suscetíveis de objetiva determinação.

58 ARAÚJO, Fernando. *Teoria econômica do contrato*. Coimbra: Almedina, 2007, p. 147.

É possível fixar preço de exercício com base em parâmetros de *performance* societária, criando-se um valor econômico, alicerçado em premissas fixadas contratualmente. Entende-se que se houver uso de valores econômicos exclusivos para fins da Opção, devem ser fixados por critério transparente, lógico e objetivo, suscetível de aferição matemática. Os acordos de acionistas[59] ou de quotistas podem consignar o critério de aferição de valores econômicos para fins de pagamento do preço de exercício.

3.5.2.1 Possibilidade de se estabelecer preços de exercícios distintos para as opções de compra que objetivam comprar ações de sócios ou acionistas, em contexto de good leaver *e* bad leaver

A Opção de Compra pode servir de instrumento para resolver desconfortos societários.

Nos acordos de acionistas ou de quotistas, é possível consignar Opções, sejam de compra ou de venda, de naturezas e finalidades diversas, objetivando produzir incentivos positivos ou negativos, possibilitar solução contratual por via do exercício de opção de compra de ações ou quotas de acionistas ou quotistas, por situações normais (*good leaver*) ou anormais (*bad leaver*). O Contrato de Opção poderá fixar dois preços de exercício, sendo o primeiro para a hipótese de *good leaver* e, o segundo, por evento de *bad leaver*. Nessa hipótese, o Acordo de Acionistas ou de Quotistas deve tratar com detalhe o procedimento de apuração das hipóteses de *bad leaver*, bem como sua tipificação no cenário societário da companhia, sob pena de não produzir seus efeitos jurídicos, impondo o pagamento do preço de exercício fixado para as hipóteses de *good leaver.*

3.5.3 Prazo de exercício

O prazo, a rigor, deve ser fixado no contrato preliminar, ocorre que o art. 466, do Código Civil de 2002, dispõe que poderá o direito do credor do contrato preliminar ser exercido em prazo razoável.

---

[59] Art. 118, da Lei n. 6.404/76.

Prazo razoável não significa prazo indeterminado. Toda Opção deve ter um prazo determinado ou determinável. A razoabilidade dita na lei refere-se à possibilidade de delimitar o prazo em relação a certo evento, a partir de tal ou mesmo antes do termo conjecturado. Por exemplo, um criador de cavalos outorga opção ao interessado em adquirir um potro de uma de suas matrizes até um dia antes do nascimento. Assim, mesmo que haja atraso ou demora no prazo, o mesmo se flexibilizará. A dicção *razoável* pode ser entendida como previsível, sob pena de induzir insegurança para o proponente e abrir as portas para a abusividade do oblato que não pode ter a seu talante exercer quando desejar a faculdade de firmar o contrato definitivo.

Quanto aos prazos determináveis, mas não determinados no contrato, o direito potestativo deve ser exercido em contexto de estabilidade fático-econômica, o que dependerá de simetria de informações entre proponente e oblato. Entregar o prazo à razoabilidade representa jogo perigoso, capaz de produzir disparidades, acaso o oblato disponha de informações assimétricas, que o levarão ou poderão levá-lo a imputar a melhor data para o exercício do direito potestativo que emerge da opção, correndo-se o risco de transformar o direito potestativo em direito puramento potestativo, que é vedado por lei (art. 122, do CC).

É necessário frisar que o direito de contratar definitivamente deve ser exercido, na eventualidade de inexistir prazo determinado assinalado no contrato preliminar, enquanto as circunstâncias se mantiverem estáveis em comparação com o momento da tratativa preliminar e considerando a inexistência de assimetria de informações entre oblato e proponente, pois aquele, tendo informações privilegiadas, poderá exercer o direito de firmar o contrato definitivo no momento que lhe aprouver, em detrimento da álea, que perderia o sentido, esvaziando o conteúdo da opção.

Lock up – O prazo de exercício pode ser escalonado, fixando-se até carência para o exercício do direito de firmar o contrato definitivo, podendo, inclusive, ser flexionado o preço de exercício, na dinâmica do tempo, através de parametrização entre prazo de exercício e preço de exercício.

3.5.4 Objeto da Opção

O Contrato de Opção é um contrato futuro, que, a rigor, pode ter, por objeto, a obrigação de vender ou a de comprar. Nada impede, contudo, que haja Contrato de Opção cujo objeto seja o contrato de prestação de serviços ou mesmo um contrato que solucione um dano, por via de indenização por responsabilidade civil, como informou Fernando Araújo, ícone da *Teoria Econômica do Contrato*. Este doutrinador diz que a Opção de Venda (*Put Option*) e a Opção de Compra (*Call Option*) estariam contempladas nas *liability rules*, que, no Direito norte-americano, corresponde às normas de responsabilidade, mais precisamente "dever legal". Parece-nos estranha a colocação de Fernando Araújo, pois diz que o prêmio (ou indenização pela imobilização de determinado bem) serviria como retribuição à renúncia a um direito garantido por lei, ou seja, o proponente devedor da Opção, ao receber o prêmio, estaria admitindo ser lesado. Em outras palavras, Fernando Araújo substitui a hipótese negocial do risco em renúncia a eventual reparação, seja ela qual for.

No exercício do direito do credor da Opção, estará ocorrendo não um efeito normal daquele contrato preliminar, mas lesão compensada pelo prêmio. Este posicionamento não encontra respaldo no Direito brasileiro, pois o instituto estaria sendo equiparado ao seguro e, ainda, não traria explicação para o enriquecimento daquele que recebe o prêmio, na hipótese de o credor da Opção não exercer o direito de firmar o contrato principal.[60]

Fernando Araújo aproxima a Opção à *torts*,[61]-[62] o que nos afigura impropriedade, como se vê em John Calamari; Joseph Perillo,

---

[60] ARAÚJO, Fernando. *Teoria econômica do contrato.* Coimbra: Almedina, 2007, p. 270-272.

[61] *Torts law* é a disciplina jurídica norte-americana que estuda responsabilidade civil.

[62] "Reconheçamos que, vencida alguma resistência a esta "complicação" adicional, esta cisão das *liability rules* com adição das *Put Options* torna o modelo muito mais realista, podendo até admitir-se que elas sejam a regra em muitas situações de responsabilidade extracontratual: por exemplo, uma pessoa vítima de um furto deve poder exercer a sua *Put Option* de, em vez da devolução do bem furtado, impor a venda desse bem ao lesante – o que equivale na prática a preferir a indemnização.

contracts, que tratam as opções como *Irrevocable Offers* (oferta irrevogável).[63]

A Opção é, por excelência, contrato aleatório, dividindo-se em Opções europeia e americana – seja na *Call*, seja na *Put*, dependendo do prazo para exercício.

As opções são, também, derivativos negociados em bolsas, consistindo em ferramenta de gestão e até especulação no ambiente dos valores mobiliários.

No que especificamente respeita à Teoria do Contrato, pode dizer-se que a responsabilidade contratual é basicamente dominada por uma *liability rule* do tipo da regra 2, reconhecendo-se ao devedor uma "*call option*" sobre o direito do credor, que ele exercerá sujeitando-se a indemnizar o interesse lesado – mas que não seria de excluir, ao menos em *abstracto*, a aplicação de qualquer das outras três formas de *liability rules*, ainda que em concreto seja de esperar que as partes prefiram evitar complicações e sujeitar-se a um regime de responsabilidade contratual que, se não é supletivo, seja fruto de uma estipulação detalhada do tipo das sanções convencionais, como as cláusulas penais ou as *liquidated damages*. Ficam por explorar os pressupostos e incidências teóricas das *inalienability rules*, uma limitação absoluta e incontornável às transferências de titularidade, o que pode ser apresentado como uma salvaguarda para a liberdade individual, travando expressões de uma vontade condicionada e enfraquecida (pense-se na proibição da redução voluntária à servidão, ou os vários motivos pelos quais alguns bens são colocados "fora do comércio"), mas a maior parte das vezes poderá ser configurado, ao menos do mais extremado campo libertário, como uma intolerável interferência paternalista na liberdade de disposição e de troca que está no âmago da liberdade económica. Para a análise econômica, a inalienabilidade corresponderá, na maior parte dos casos, a uma forma imperativa de regulação que, sem indemnização, priva o titular dos recursos de um dos valores ínsitos nesses recursos, o valor da transmissibilidade." (ARAÚJO, Fernando. *Teoria econômica do contrato.* Coimbra: Almedina, 2007 p. 271-272).

[63] a) *What Makes an Offer Irrevocable: The term "option contract" is often used interchangeably with the term "irrevocable offer". Although the two sets of words are not precisely interchangeable, any distinction does not carry any importante Implications. Most offers are revocable. One of the classic ways of rendering an offer irrevocable is by the offeror's acceptance of a consideration in exchange for a promise to keep the offer open. Such an offer is often called an "option contract". If A makes an offer to sell specific real property to B for a specified price and states that the offer is open for ten days, the offer is revocable even if A stated that the offer was irrevocable for ten days.* (CALAMARI, John; D. PERILLO, Joseph M. *Contracts.* 5. ed., St. Paul, MN: Thompson, 2003. p. 117).

O Contrato de Opção, como os contratos a termo, entre outros, tiveram permissão para negociação em bolsa, o que representou grande avanço. Na França, berço da Opção, o legislador cuidou de incluir no rol dos produtos negociáveis no mercado de valores mobiliários os Contratos de Opção, como ensina Herve Causse.[64]

Herve Causse[65] fez questão de destacar que a Opção é um contrato (de promessa), não mera proposta,[66] ou seja, nada impede que essa natureza contratual lhe subtraia a qualidade de um título negociável, contudo, se o Contrato de Opção for celebrado em caráter *intuito personae*, a transferência somente será possível se houver aquiescência do proponente.

Na mesma linha, preleciona Nelson Rosenvald, após dar panorama completo dos contornos do Contrato de Opção:

> Os contratos preliminares se dividem em unilaterais ou bilaterais. Estes geram obrigações para ambas as partes, podendo uma exigir da outra o cumprimento do contrato definitivo (*v.g.*, na promessa de compra e venda, o promissário comprador assume obrigação de pagar prestações – e o promitente vendedor, de fazer outorgar escritura definitiva). Já os contratos unilaterais produzem obrigações para apenas uma das partes. Constitui exemplo de promessa unilateral a promessa de doação, figura controversa no direito pátrio.
>
> Tradicional exemplo dessa modalidade é o contrato de opção – frequente em negócios imobiliários -, pelo qual os contratantes deliberam que um deles exercitará preferência para a eventual

---

64 *La loi n. 88-70 du 22 janvier 1988 réformant les attributions de la Commission des opérations de bourse a consacré la théorie du contrat négociable. L'article Ier de l'Ordenance de 1967 dispose que la C.O.B. veille au fonctionnement des marches de valeurs mobilières, de produits financiers ou de contrats à terme négociables. L'expression n'avait pás été employée dans la première version des textes relatifs au M.A.T.I.F. Afin de clarifier le domaine de ce marché, la loi du 26 juillet 1991 a amélioré le texte de 1985 que modifiait la loi de 1885.* (CAUSSE, Herve. *Les titres négociables.* Paris: Litec, 1993, p. 434-435).

65 CAUSSE, Herve. *Les titres négociables.* Paris: Litec, 1993, p. 434-435.

66 *Le marché d'options négociables de Paris (M.O.N.E.P.) est tout aussi démonstratif car la doctrine consacre implicetement la théorie du contrat négociable: sous un intitulé "options négociables" on trouve inévitablement, l'affirmation que "l'option est un contrat....* (CAUSSE, Herve. *Les titres négociables.* Paris: Litec, 1993p. 435).

celebração de um contrato. Enquanto uma das partes assume a obrigação de conceder a preferência, nas condições da declaração, a outra tem a liberdade de efetuar ou não o contrato, sendo suficiente que exerça o direito potestativo da preferência no prazo estipulado – que se converte, portanto, em prazo decadencial. Enfim, só uma das partes está adstrita à prestação de fazer. A outra é livre.

O artigo em exame aduz que, quando não houver prazo, o credor será cientificado por um termo razoável, aposto em notificação. Aliás, é um equívoco e uma contradição, em termos, utilizar a expressão "prazo indeterminado", pois o vocábulo prazo já indica um tempo ou período determinado.

O mérito do dispositivo consiste em demonstrar que as obrigações são transitórias, na medida em que uma pessoa não pode se vincular ao poder da vontade alheia *ad eternum.* O termo vínculo expressa a ideia de cadeia, prisão. A relação obrigacional remete a ideia de liberdade que, inicialmente cedida em prol do êxito do projeto contratual, será recuperada pelo devedor com o adimplemento.

Por fim, não se pode confundir a promessa unilateral de contratar com a proposta do contrato a que alude o art. 427 do Código Civil. Na policitação, o proponente apenas realiza uma oferta, aguardando a aceitação ou a contraproposta do oblato. A proposta não gera obrigatoriedade em várias oportunidades (art. 428 do CC). Já a promessa unilateral é um contrato formado em que se concretizou a manifestação das vontades. Outrossim, a segurança jurídica do contrato preliminar, mesmo que unilateral, estende-se ao plano da sucessão mortis causa, pois o contrato integra o acervo hereditário transmitido aos herdeiros do promitente (devedor) e do beneficiário (credor), ao contrário da proposta, que caducará com a morte do ofertante ou do destinatário.[67]

Das lições de Nelson Rosenvald,[68] ressalva-se que a possibilidade de o prazo ser aquele razoavelmente assinado pelo devedor não possa significar o fixado por interpelação, notificação ou

---

67 ROSENVALD, Nelson; PELUSO, Cezar (Coord.). *Código Civil comentado*: doutrina e jurisprudência. Lei n. 10.406, de 10.01.2002: contém o Código Civil de 1916. 3. ed. Barueri, SP: Manole, 2009, p. 501-502.

68 ROSENVALD, Nelson; PELUSO, Cezar (Coord.). *Código Civil comentado*: doutrina e jurisprudência. Lei n. 10.406, de 10.01.2002: contém o Código Civil de 1916. 3. ed. Barueri, SP: Manole, 2009, p. 501-502.

protesto, pois ficaria adstrito ao poder supremo do credor escolher a data de exercício. A lei dispõe ser o prazo razoavelmente assinado pelo devedor, não pelo credor da opção, por óbvio, sob pena de se transformar o direito potestativo do credor (típico da opção) em condição puramente potestativa. A hipótese de se fixar prazo para o exercício de um direito, como é típico do Contrato de Opção, é totalmente diferente de se outorgar a faculdade para o credor de exercê-lo ou não, com amplo poder exclusivo de escolher o prazo para tal exercício, o que não encontra respaldo no ordenamento jurídico, nos termos do art. 122, do Código Civil.

Não seria inútil esclarecer que a Opção não tem aplicação somente nos contratos de compra e venda, podendo ter como objeto contratos diversos, como serviços, locações, alocação de reservas etc. A Opção exige objeto certo, mas o contrato definitivo pode ser um outro contrato aleatório. Imagine-se o exemplo de uma opção firmada para que um comerciante possa até 15 minutos antes da saída da mercadoria firmar ou não contrato de compra e venda cujo objeto seja *emptio spei* ou *emptio rei sperate*.

4

INCOMPLETUDES CONTRATUAIS

Os *Sermões de Padre Antonio Vieira*[1] advertem: "como o mundo se governa tanto pelos sentidos, podem às vezes mais os brados que a razão". Contra isso deve pugnar a Ciência Jurídica, pois deixar ao talante dos ventos soluções decisivas, sejam para preservar ou resolver contratos, significa vilipendiar a segurança jurídica e impedir projetos mínimos, que muito viabilizariam custos e imprimiriam qualidade no intercâmbio de riquezas.

Ocorre que as incompletudes podem mostrar-se convenientes para ambos contratantes, quando alicerçadas no propósito da preservação perene do equilíbrio. Um bom modelo deve partir da escolha de critérios para resolver as incompletudes. Adotando determinado critério, as partes podem discutir no ambiente escolhido as formas de preenchimento de lacunas.

Em determinados contratos, os investimentos são sazonais, ocorrendo mais em determinados períodos que em outros; também, podem ser pontuais, para atender a certas demandas ou contingências, enfim, são numerosas as possibilidades, impondo aos contratantes estabelecer um ambiente de incompletude e eleger critério determinado para o incremento da lacuna.

É muito perigosa a utilização de cláusula que preveja renegociação em caso de ocorrer determinado evento, pois a ausência de tal negociação pode acabar imprimindo validade ao pacto original, conforme se vê do acórdão exarado da Apelação Cível 9141117-84.2004.8.26.0000, do

---

1 VIEIRA, Antônio. *Sermões do Padre Antônio Vieira* – Seleções. Porto Alegre: L&PM, 2007, p. 47.

Tribunal de Justiça do Estado de São Paulo, de 16.09.2004, em que o Tribunal, diante da ausência da renegociação – prevista no instrumento – deu por validada a tratativa original, em detrimento do possível desequilíbrio que a tratativa original poderia estar causando naquele contexto consentâneo. Se houvesse, pelo menos, disposição de arbitragem, o imbróglio não ficaria sob o poder exclusivo da parte que se recusou a renegociar, livre de sanções. A não renegociação pode significar que o contratante apenas exerceu a faculdade de não aderir à proposta que lhe fora submetida. Desate bem diferente poderia ocorrer na arbitragem.

As incompletudes quanto aos preços de futuro podem ser resolvidas com utilização dos arts. 485,[2] 486[3] e 487[4] do Código Civil, inclusive o art. 488[5], que oferece solução para o problema.

A incompletude mostra-se inerente a todos os contratos, conforme adverte Fernando Araújo:

> [...] é frequente verificar-se que a negociação dos contratos nem sempre revela um adequado nível de previsão e de explicitação de todos os aspectos que uma estipulação mais completa poderia abarcar, nomeadamente a descrição mais exaustiva do objecto do contrato, a enumeração das contingências susceptíveis de interferirem na onerosidade do contrato, a definição dos 'standards' de cumprimento, de incumprimento ou de cumprimento defeituoso, e o estabelecimento de um quadro preventivo ou sancionatório – sendo essa insuficiência ex ante que propicia a eclosão de conflitos durante a relação contratual, mesmo dentro da margem que bilateralmente se aceite como sendo a da 'boa-fé'.[6]

---

2 Art. 485. A fixação do preço pode ser deixada ao arbítrio de terceiro, que os contratantes logo designarem ou prometerem designar. Se o terceiro não aceitar a incumbência, ficará sem efeito o contrato, salvo quando acordarem os contratantes designar outra pessoa.

3 Art. 486. Também se poderá deixar a fixação do preço à taxa de mercado ou de bolsa, em certo e determinado dia e lugar.

4 Art. 487. É lícito às partes fixar o preço em função de índices ou parâmetros, desde que suscetíveis de objetiva determinação.

5 Art. 488. Convencionada a venda sem fixação de preço ou de critérios para a sua determinação, se não houver tabelamento oficial, entende-se que as partes se sujeitaram ao preço corrente nas vendas habituais do vendedor.

6 ARAÚJO, Fernando. *Teoria econômica do contrato.* Coimbra: Almedina, 2007, p. 148.

Em razão dessas incompletudes acidentais é que se recomendam estabelecer as incompletudes estratégicas, por consignação expressa de nortes de solução, de modo que o contrato receba respostas que preservem seu equilíbrio, consistindo as previsões de meios de resposta às incompletudes estratégicas um importante expediente de dirimir conflitos.

O art. 466, do Código Civil, dispõe sobre o contrato preliminar unilateral, permitindo ao credor que firme ou não o negócio definitivo, em prazo razoável, assinado pelo devedor. É exatamente esta incompletude produzida pela norma positivada que instiga investigação nas entranhas do contrato, buscando imprimir segurança jurídica nas entabulações do tipo, considerando, sobretudo, os arts. 421, 422 e 458 do Código Civil.

A Opção deve servir como ferramenta contratual eficiente de planejamento e gestão, capaz de assegurar escalas e parâmetros sustentáveis de equilíbrio no exercício da atividade produtiva, daí a importância do enfrentamento teórico, para afastar discussões supérfluas, destoadas do exame minucioso. A investigação teórica é profícua para inibir especulações superficiais e imprime, pelos estudos do tema, melhor aceitabilidade ao tipo contratual.

A dificuldade na abordagem teórica acerca da Opção pode ser explicada tanto pela insuficiência em sua positivação no ordenamento pátrio quanto pela incompletude intrínseca e estratégica produzida no art. 466, do Código Civil, que reclama solução jurídica sob impositivo enfoque do Direito Empresarial, principalmente na concepção do Direito e Economia.

A álea faz parte da Opção, inclusive o comportamento do credor dependerá de razões pessoais, sem participação do proponente, segundo as quais esse credor poderá exercer ou não o direito de firmar o contrato definitivo, em prazo razoável, caso este não tenha sido indicado expressamente.

Saliente-se que a incompletude da dicção legal "razoável" instiga necessária investigação econômica, cuja mobilidade tipológica foi enfrentada neste trabalho, para compreensão do aspecto temporal do contrato. Verificou-se a natureza do prêmio (possível retribuição dada ao proponente devedor, pela outorga do direito potestativo ao oblato credor) e se seria elemento essencial do contrato. Pela combinação do caráter unilateral e aleatório da Opção, mostra-se eficiente como ferramenta de travamento de preços, garantido boa *performance* no fluxo da riqueza, de bens e serviços no processo produtivo, o que corrobora o espírito do vetusto Direito Comercial, atualmente inspirado na maximização da eficiência na circulação da riqueza, nos parâmetros da novel corrente doutrinária *Law and Economics*.

No enfrentamento das incompletudes, mister se faz compreender o sentido de "completude do ordenamento jurídico", sob as perspectivas de Norberto Bobbio.[7]

Completude significa, *grosso modo*, falta de lacuna. Friedrich Carl von Savigny, citado no texto de Norberto Bobbio, destaca a unidade como característica aliada à completude, em seu Sistema assim esclarecendo:

> [...] o conjunto das fontes de direito [...] forma um todo, que está destinado à solução de todas as questões surgidas no campo do Direito. Para corresponder a tal finalidade, ele deve apresentar estas características: unidade e completude [...] O procedimento ordinário consiste em tirar do conjunto das fontes um sistema de direito [...] Falta a unidade, e então trata-se de remover uma contradição; falta a completude, e então trata-se de preencher uma lacuna. Na realidade, porém, essas duas coisas podem reduzir-se a um único conceito fundamental. De fato, o que tentamos estabelecer é sempre a unidade: a unidade negativa, com a eliminação das contradições; a unidade positiva, com o preenchimento das lacunas.[8]

Na esteira de Friedrich Carl von Savigny,[9] Francesco Carnelutti,[10] em sua Teoria Generale del Diritto,[11] também citado por Norberto

---

7 BOBBIO, Norberto. *Teoria do ordenamento jurídico*. 6. ed. Brasília: UNB, 1995, p. 115-160.

8 SAVIGNY, F. C. von. *apud* BOBBIO, Norberto. *Teoria do ordenamento jurídico*. 6. ed. Brasília: UNB, 1995,p. 117.

9 SAVIGNY, F. C. von. *apud* BOBBIO, Norberto. *Teoria do ordenamento jurídico*. 6. ed. Brasília: UNB, 1995, p. 117.

10 CARNELUTTI, Francesco. *Teoria generale del diritto*. 2. ed. Roma: Foro Italiano, 1946, p. 76.

11 CARNELUTTI, Francesco. *Teoria generale del diritto*. 2. ed. Roma: Foro Italiano, 1946, p. 76.

Bobbio,[12] diz ser "incompletude por exuberância" as antinomias (aparente conflito entre uma norma que proíbe um certo comportamento em relação a outra que o permite) e "incompletude por deficiência", no caso de lacunas.

Como remédio contra a "incompletude por exuberância", Francesco Carnelutti[13] recomendou a "purificação". Já contra a "incompletude por deficiência", a "integração".

Norberto Bobbio[14] critica severamente o "dogma da completude", uma vez que, segundo os adeptos daquela corrente, de cunho positivista, todas as normas jurídicas deveriam ser emanadas de uma lei do Estado. Lembrou que a Escola da Exegese afirmava ser incompleto o Direito estatal, cujas lacunas deveriam, segundo aquela corrente, ser preenchidas pelo "poder criativo do juiz".[15] Falou-se em um "direito livre",[16] capaz de preencher o "espaço jurídico vazio", depois enfrentou a questão defendida por aqueles que defendiam a inexistência de um espaço jurídico vazio. Concluiu, peremptoriamente, que é factual a incompletude do ordenamento, reveladas em lacunas ideológicas, que seria a falta de uma "norma justa". Diante da obviedade reconhecida pelo próprio Norberto Bobbio,[17] dispensa-se maior incursão nesta tipologia de incompletude, pois teria relevo a classificação entre próprias e impróprias; subjetivas e objetivas, voluntárias e involuntárias; *praeter legem* e *intra legem*:

> A lacuna própria é uma lacuna do sistema ou dentro do sistema; a lacuna imprópria deriva da comparação do sistema real com um sistema ideal.
>
> [...]

---

12 BOBBIO, Norberto. *Teoria do ordenamento jurídico*. 6. ed. Brasília: UNB, 1995, p. 117.

13 CARNELUTTI, Francesco. *Teoria generale del diritto*. 2. ed. Roma: Foro Italiano, 1946, p. 76.

14 BOBBIO, Norberto. *Teoria do ordenamento jurídico*. 6. ed. Brasília: UNB, 1995, p. 115/160.

15 BOBBIO, Norberto. *Teoria do ordenamento jurídico*. 6. ed. Brasília: UNB, 1995,p. 123.

16 BOBBIO, Norberto. *Teoria do ordenamento jurídico*. 6. ed. Brasília: UNB, 1995,p. 127.

17 BOBBIO, Norberto. *Teoria do ordenamento jurídico*. 6. ed. Brasília: UNB, 1995, p. 140.

> Subjetivas são aquelas que dependem de algum motivo imputável ao legislador, objetivas são aquelas que dependem do desenvolvimento das relações sociais, das novas invenções, de todas aquelas causas que provocam um envelhecimento dos textos legislativos e que, portanto, são independentes da vontade do legislador. As subjetivas, por sua vez, podem dividir-se em voluntárias e involuntárias. Involuntárias são aquelas que dependem de um descuido do legislador, que faz parecer regulamentado um caso que não é, ou faz deixar de lado um caso que talvez se considere pouco frequente, etc. Voluntárias são aquelas que o próprio legislador deixa de propósito, quando a matéria é muito complexa e não pode ser regulada com regras muito miúdas, e é melhor confiá-la, caso por caso, à interpretação do juiz.[18]

A incompletude do art. 466, do Código Civil – sob o aspecto do vocábulo "razoavelmente" – é voluntária, mas também involuntária, pois o legislador não só deixou a interpretação do "prazo razoavelmente" sem esclarecimento do norte do razoável, como não esclareceu o sentido de "assinado pelo devedor", uma vez que somente deve ser utilizada tal parte da norma na falta de indicação precisa do prazo. É indiscutível que tal dispositivo, nestes particulares, esteja inserido no chamado "sistema móvel do ordenamento jurídico". Só no que toca ao vocábulo razoavelmente é que atrairá – ou deverá atrair – pela vontade do legislador, soluções distintas, conforme o caso, sua natureza e objeto. Também é *intra legem*, na linha da explicação de Norberto Bobbio:

> Outra distinção é entre lacunas *praeter legem* e lacunas *intra legem*. As primeiras existem quando as regras, expressas para serem muito particulares, não compreendem todos os casos que podem apresentar-se a nível dessa particularidade; as segundas têm lugar, ao contrário, quando as normas são muito gerais e revelam, no interior das disposições dadas, vazios ou buracos que caberá ao intérprete preencher. As lacunas voluntárias são normalmente *intra legem*. No primeiro caso, a integração consistirá em formular novas regras ao lado das expressas; no segundo caso, as novas regras deverão ser formuladas dentro das regras expressas.[19]

---

18 BOBBIO, Norberto. *Teoria do ordenamento jurídico*. 6. ed. Brasília: UNB, 1995,p. 145.

19 BOBBIO, Norberto. *Teoria do ordenamento jurídico*. 6. ed. Brasília: UNB, 1995,p. 145.

As soluções dadas por Norberto Bobbio[20] constituem em dois métodos diferentes, a saber: heterointegração e autointegração, segundo terminologia de Francesco Carnelutti:

> O primeiro método consiste na integração operada através do:
>
> a) Recurso a ordenamentos diversos;
>
> b) Recurso a fontes diversas daquela que é dominante (identificada, nos ordenamentos que temos sob os olhos, com a Lei).
>
> O segundo método consiste na integração cumprida através do mesmo ordenamento, no âmbito da mesma fonte dominante, sem recorrência a outros ordenamentos e com o mínimo recurso a fontes diversas da dominante.[21]

Explicando melhor a autointegração, Norberto Bobbio[22] diz que tal método se arrima em dois procedimentos: na analogia e nos princípios gerais do direito, discorrendo, nas páginas finais do capítulo, sobre esses institutos.

O que nos interessa é que, no art. 466 do Código Civil, há uma incompletude voluntária, ao deixar o legislador em aberto o sentido de "razoavelmente", na expressão "razoavelmente assinado pelo devedor"; outra involuntária, ao não esclarecer o que significaria "assinado", uma vez que esta parte final somente seria aplicada no silêncio do instrumento quanto ao prazo de exercício.

Mais grave ainda é a constatação de que entre a primeira e a segunda parte do art. 466 do Código Civil existam "incompletudes por exuberância", ou seja, aparente antinomia, o que deve ser corrigido pela leitura do termo "assinado", como algo relacionado às simetrias.

É necessário dar um sentido para o vocábulo "assinado", no contexto, como recomenda o Código Civil francês, ao fazer recomendação, em seu art. 1.157, quanto à interpretação de cláusulas contratuais: "quando uma cláusula é suscetível de dois sentidos, devemos dar

---

20 BOBBIO, Norberto. *Teoria do ordenamento jurídico*. 6. ed. Brasília: UNB, 1995,. p. 146.

21 CARNELUTTI, Francesco. *Teoria generale del diritto*. 2. ed. Roma: Foro Italiano, 1946, p. 76.

22 BOBBIO, Norberto. *Teoria do ordenamento jurídico*. 6. ed. Brasília: UNB, 1995, p. 150-151.

preferência àquele que possa produzir um efeito útil, em lugar daquele que não possa produzir nenhum".23 O termo "assinado" tem também significado de destinado,24 portanto, destinado pelo devedor remete à ideia de destino, motivo dado pelo devedor, um convite à incursão na reserva mental e no contexto informacional e circunstancial.

Estando a Opção dentro da perspectiva móvel do sistema positivado, suas incompletudes não escapam ao exame econômico, devendo ser ponderadas as circunstâncias, de modo que as lacunas obtenham soluções mais próximas àquelas que inspiram a modalidade contratual, sobretudo sob o ponto de vista da álea intrínseca que trava o preço de exercício, componente do sistema imóvel.

As demais incompletudes devem seguir a recomendação de soluções inspiradas na equidade, merecendo ênfase a preservação da paridade e da simetria informacional entre os envolvidos, reclamando investigação inclusive da fase negocial, que antecede o contrato preliminar.

A parte fixa do sistema garante a força coativa do instrumento de Opção, capaz de impor ao proponente que compre (na opção de venda) ou que venda (na opção de compra). Para eficiente *performance* do contrato preliminar, necessária se faz a fixação do objeto (o contrato definitivo), prazo e preço de exercício. No que diz respeito à celebração do contrato definitivo, suas cláusulas devem ser bem descritas no próprio contrato preliminar, ainda mais quando os bens a que diz respeito tenham variadas classificações, como é comum nas *commodities*.

A contextualização é muito importante, mostrando-se fundamental a análise da fase negocial, que antecede a contratação preliminar. Na observação da trilha formadora do contrato, passando-se pela policitação, discussão e aceite, a vontade porventura não declarada pode ser resgatada por solução flexível (*flexible approach)*, pela qual há de se garantir a preservação das expectativas legítimas, missão inafastável a ser perseguida nas soluções das casuísticas do gênero.

---

23 *Article 1157 (créé par Loi 1804-02-07 promulguée le 17 février 1804) "Lorsqu'une clause est susceptible de deux sens, on doit plutôt l'entendre dans celui avec lequel elle peut avoir quelque effet, que dans le sens avec lequel elle n'en pourrait produire aucun."*

24 FERREIRA, Aurélio Buarque de Hollanda. *Pequeno dicionário brasileiro da língua portuguesa.* 11. ed. São Paulo: Nacional, 1973.

4.1 PREVALÊNCIA DE INCOMPLETUDES NA EXPERIÊNCIA CONTRATUAL

A regra é a preservação dos contratos, sendo a resolução exceção. As incompletudes, sejam elas acidentais ou estratégicas, reclamam intervenção para o fomento do equilíbrio pretendido quando da contratação, que é o ato de entrega de vontades. A vontade termina na contratação, na aposição da assinatura ou manifestação sucedânea ou eficiente para aperfeiçoar a avença. Contratadas, as partes não mais têm vontades, mas um contrato que, em tese, deve exaurir-se nele mesmo. Contudo, a vontade consignada no contrato pode sofrer frustrações de ordem funcional, nem sempre possibilitando a preservação da avença.

O assunto lembra a obra de Jean-Baptiste Molière,[25] retratada pelo comentário de Robert Jouanny, ao proclamar que "não existe vício privilegiado. Não existe coisa boa em si que não possa se corromper e corromper. Decência torna-se pudicícia, ciência transforma-se em pedantismo, a medicina resvala para o charlatanismo, e a piedade para a hipocrisia religiosa", assertivas que nos convidam a uma reflexão e a um olhar além, mais crítico sobre os propósitos maiores do Direito, ao incluir a boa-fé como princípio, inclusive positivado, entre nós, no art. 422, do Código Civil de 2002, que oferece o norte necessário para solução das incompletudes. Somente as expectativas individuais reconhecidas como justas – jamais a má-fé –, conjugadas com a função social do contrato, devem ser consideradas nas soluções das incompletudes.

As expectativas individuais podem indicar como melhor solução o desate resolutório, com possibilidade de indenização pelas frustrações produzidas pelas incompletudes, evento muito comum nos contratos relacionais, de duração. A preservação forçada do contrato significa sobrevivência artificial do ajuste, de intercorrências indomáveis, por ímpetos e revanchismos contaminantes, daí a ideia de evitar, nos contratos relacionais, a continuação infinita, estando até previsto em lei, no art. 720, do Código Civil, para o caso do contrato de distribuição, prazo de aviso prévio, sem prejuízo de ampliação, acaso tenha havido

---

[25] MOLIÈRE, Jean-Baptiste Poquelin. *O tartufo ou o impostor.* Tradução de Jean Melville. São Paulo: Martin Claret, 2005, p. 33.

investimentos consideráveis. A preservação, pela via do implemento de incompletudes, diante de uma crise contratual, deve levar em conta a função social, requisito necessário para todo contrato, nos termos do art. 421, do Código Civil, assim visto – como requisito – uma vez que o contrato é a *sinapse* da circulação da riqueza. Todo contrato tem função social implícita. Quando sua existência se mostrar nociva a essa circulação de riqueza, o desate sobre contendas contratuais deve ser resolutivo, extirpando-o das raias econômicas, para que não contamine outros.

As incompletudes nas suas manifestações por acidente, estratégia, vontade ou conjectura, classificadas na linha de Norberto Bobbio,[26] reclamam integração, devendo ser evitados os desates que impliquem em aniquilação do contrato.

4.2 TEORIA DOS CONTRATOS INCOMPLETOS

Na abordagem da Teoria dos Contratos Incompletos faz-se necessário, primeiramente, salientar a importância da dinâmica socioeconômica como elemento de força exercida contra os termos, daí a relevância de um exame transcendente à letra fria do termo no texto. É no contexto que se extrai o sentido do termo. Contudo, não é só. Temos que admitir a cooperação como instrumento e não apenas evento. Cooperar deve ter o sentido mais amplo do que mera faculdade, mas, às vezes, sacrifício.

Fernando Araújo[27] destaca a importância da incursão do jurista na realidade e no ambiente metanormativo, transcendente ao individual, para alcançar uma ideia de direito mais completa, como propõe a *Law and Economics*. O Ministro Eros Roberto Grau, em sua festejada obra *O direito posto e o direito pressuposto*, destaca o seguinte:

> [...] a natureza opõe obstáculos à ação do homem; há além do homem, uma realidade que é independente do seu ser" e que "a sociedade não pode ser compreendida, em seu dinamismo, senão como também

---

[26] BOBBIO, Norberto. *Teoria do ordenamento jurídico*. 6. ed. Brasília: UNB, 1995, p. 146.

[27] ARAÚJO, Fernando. *Teoria econômica do contrato*. Coimbra: Almedina, 2007, p. 23.

> produzida pelas interferências procedentes de todas as demais instâncias (jurídico-política e ideológica).[28]

É exatamente pela dinâmica dos fatos que a cooperação deve acompanhar o curso relacional, buscando soluções que preservem o equilíbrio das incumbências de cada parte. Em alguns contratos relacionais, a Opção pode estar presente, como é o caso de contratos de distribuição, no qual a indústria aparece como oblato em Opção de Compra das cotas ou ações da distribuidora, ou, ainda, o distribuidor como oblato em Opção de Venda de suas cotas ou ações, daí a pertinência da abordagem dos contratos relacionais.

Ricardo Saad, citando Rubens Requião, ao tratar do contrato relacional de representação comercial, mencionou a utilização dos usos e costumes no preenchimento de eventuais incompletudes, destacando, sobretudo, a cooperação:

> Cooperar é o mesmo que trabalhar em comum, colaborar, ajudar, auxiliar.
>
> [...]
>
> Todavia, à falta de condições preestabelecidas, Rubens Requião dá a receita: 'A remuneração desses encargos, como é claro, deverá ser previamente ajustada pelas partes, sendo a presunção, caso não seja combinada, de que não é gratuita, dada a onerosidade natural das obrigações comerciais. Havendo essa omissão, a remuneração será a que for normal, decorrente dos usos e costumes e, na falta desses, por arbitramento judicial'.[29]

Alexandre Cateb e José Alberto Gallo,[30] enfatizando a importância do comportamento cooperativo, ressaltam que a incompletude é

---

[28] GRAU, Eros Roberto. *O direito posto e o direito pressuposto.* São Paulo: Malheiros. 1996, p. 39.

[29] REQUIÃO, Rubens *apud* SAAD, Ricardo Nacim. *Representação comercial.* São Paulo: Saraiva, 2003, p. 75.

[30] Como pontua Décio Zylbersztajn: "Se pudéssemos desenhar contratos completos, não existiria problema para as organizações se estruturarem e os problemas gerados a partir do comportamento não ético seriam antecipados e tratados com cláusulas de salvaguarda. O conflito entre a ortodoxia e a economia das organizações pode ser relativizado ao afirmar-se que a economia ortodoxa foi desenhada para estudar o funcionamento dos mercados e o papel dos preços, mas não o papel, a estrutura e a operação das organizações. A isto sobrepõe-se o conceito dos custos do funcionamento dos mercados, para marcar nitidamente o foco de um novo campo para o estudo das organizações. Se as organizações

comum e muito prevalente em contratos, e que inspirações éticas e solidárias devem prevalecer às soluções que prestigiem comportamentos oportunistas.

Do mesmo artigo, destaca-se a seguinte citação de Armando Pinheiro, sobre o papel da boa-fé nos contratos incompletos e sua impositiva incidência:

> Dois elementos, implícitos ou explícitos, de qualquer transação são a previsão dos fatores de risco que podem impedir a sua realização conforme desejam as partes e a definição de como as mesmas se ajustarão a essa ocorrência. Em tese, esses dois elementos deveriam constar explicitamente dos contratos, formais ou informais, que sustentam cada transação. Mas os contratos são, em geral, incompletos, seja porque as partes podem, inadvertidamente, esquecer de incluir alguma contingência, seja porque, propositalmente, se decide não especificar todas as possibilidades futuras no contrato. Há várias razões para se redigir contratos incompletos: por exemplo, a dificuldade de prever todas as futuras contingências, a complexidade de especificar por escrito todas as regras que prevalecerão para cada contingência que se possa prever, e a dificuldade de se observar e verificar a ocorrência de muitas contingências, para que se possa determinar se as ações contratualmente previstas devem ser colocadas em prática. É racional, pois, não ter contratos completos, ainda que haja riscos em deixar um contrato muito em aberto. O nível ótimo de lacunas contratuais dependerá dos riscos e do custo de tornar o contrato mais completo. A função da norma é, exatamente, reduzir esse risco, sem implicar custos elevados. Quando a norma é clara, certa, previsível e calculável, ela completa os contratos, na medida em que determina como proceder em diversas situações. Isso dispensa as partes de mencionarem, explicitamente, essas situações no contrato. [...]

---

modernas podem ser entendidas como um nexo de contratos, o comportamento dos agentes que são partícipes dos contratos bem como as instituições que os garantem assumem grande importância. Comportamento cooperativo e benigno quando contrastado com comportamento oportunista terá conseqüências para o desenho das organizações, daí a sua ligação com a ética nas organizações". Departamento de Administração Série de Working Papers. Disponível em: <www.ead.fea.usp.br/wpapers/index.htm> Acesso em: 23 abr. 2011.

> Em primeiro lugar, a boa-fé lembra a incompletude dos contratos, os limites da capacidade de previsão humana, os custos e ameaças à solidariedade e as barreiras insuperáveis para a comunicação perfeita e sem ruídos entre as partes. Em segundo lugar, ela enfatiza, valoriza e torna juridicamente protegido o elemento de confiança, sem o qual nenhum contrato pode operar. Em terceiro lugar, ela evidencia a natureza participatória do contrato, que envolve comunidades de significados e práticas sociais, linguagem, normas sociais e elementos de vinculação não promissórios. Por fim, a boa-fé realça o elemento moral das relações contratuais. A boa-fé contratual envolve uma concepção moral de fazer algo corretamente e, neste sentido, reporta-se a uma concepção de Justiça Social, a Justiça enquanto normalidade e equilíbrio.[31]

Ocorre que existem contratos que a incompletude é parte intrínseca, integrada ao cerne de sua qualificação jurídica, com importantes reflexos no conteúdo obrigacional, como ocorre com os contratos de derivativos.

Os contratos relacionais podem ter a álea negociada, o que impedirá a intervenção judicial, acaso falte cooperação entre os contratantes, mas a disposição deverá estar, expressamente, consignada no instrumento.

Não raras vezes, a sorte fica entregue a um índice ou a um preço, conforme se vê nos arts. 486 e 487 do Código Civil,[32] tornando o acordo intangível, devendo as partes suportar as oscilações para cima ou para baixo, tampouco criarem conflitos aparentes que busquem subtrair os efeitos de disposições com nítido cunho aleatório, aplicando-se a regra geral, conforme ensina Gustavo Tepedino:

> Na medida em que o contrato obriga os contratantes, o acordo torna-se intangível, ou seja, insuscetível de alteração por vontade unilateral de uma das partes ou por interferência externa. Submete-se, pois, o Contrato realizado entre as Empresas X e Y aos princípios da obrigatoriedade e da intangibilidade, impedindo-se, conseguintemente, a qualquer dos

---

31 Departamento de Administração Série de *Working Papers*. Disponível em: <www.ead.fea.usp.br/wpapers/index.htm> Acesso em: 23 abr. 2011.

32 Art. 486. Também se poderá deixar a fixação do preço à taxa de mercado ou de bolsa, em certo e determinado dia e lugar.
Art. 487. É lícito às partes fixar o preço em função de índices ou parâmetros, desde que suscetíveis de objetiva determinação.

contratantes, ou mesmo o juiz, a alteração das cláusulas livremente pactuadas. Daí não ser consentido ler-se o contrato de modo a que um dispositivo contido em uma cláusula possa anular o conteúdo de outra ou dela própria, mecanismo que acabaria por resultar na violação dos princípios acima aludidos.[33]

Nos contratos relacionais com negociação de álea, não deve prosperar pretensões revisionistas, assim como ocorre nos unilaterais e os propriamente aleatórios. A disposição é promessa irrevogável, atraindo a aplicação da conclusão da Jornada IV STJ 366, que assim está ementada: "O fato extraordinário e imprevisível causador de onerosidade excessiva é aquele que não está coberto objetivamente pelos riscos próprios da contratação".

A jurisprudência é unânime em afastar a possibilidade de revisão, por imprevisão, aos contratos aleatórios, a exemplo do Acórdão 9141117-84.2004.8.26.0000, do e. TJSP de 16.09.2004 e, também, de outro do TJMG, exarado da Apelação Cível 1.0126.04.000854-5/002, da 17ª Câmara Cível, sob a relatoria do Desembargador Lucas Pereira:

> E, como de sabença, o risco do contrato aleatório é o principal elemento deste contrato e é justamente nesse ponto que reside a inaplicabilidade da teoria da imprevisão a essa modalidade contratual.
>
> De tudo quanto dito, conclui-se ser inadmissível exonerar o vendedor das condições pactuadas, em razão de alteração ascendente, sendo este o entendimento jurisprudencial dominante.[34]

---

33 TEPEDINO, Gustavo. Novos princípios contratuais e teoria da confiança: a exegese da cláusula *to the best knowledge of the sellers. Revista Forense,* Rio de Janeiro, v. 377, p. 237-254, 2005.

34 Do acórdão citado, foram extraídos, ainda, os seguintes excertos:
"CIVIL E PROCESSUAL CIVIL. AGRAVO DE INSTRUMENTO. CONCESSÃO LIMINAR. AÇÃO DE RESOLUÇÃO CONTRATUAL. CONTRATO ALEATÓRIO DE COMPRA E VENDA FUTURA. 1- Não se encontram presentes os requisitos para o deferimento da liminar, uma vez que o contrato de compra e venda da produção de soja em grãos é um contrato de coisa futura, aleatório, sob a modalidade de compra da esperança.
2- O Contrato de Compra e Venda de Safra Futura não se enquadra como contrato de execução continuada ou diferida, sendo inaplicável a resolução do contrato por onerosidade excessiva por ausentes os seus elementos objetivos". (TJGO, AI n. 32723-2/180, 4ª CC, Relator Desembargador Floriano Gomes, 23.1.2004).

Assim, mesmo não tendo o contrato relacional qualificação ordinariamente de avença aleatória, se houver disposição que revele negociação sobre a álea, não poderá haver revisão, tampouco consistiria a avença – de sorte ou revés – em cláusula abusiva, por estar no ambiente de disposição das partes.

4.3 TEORIA DOS JOGOS E INCOMPLETUDES DO CONTRATO DE OPÇÃO

A Teoria dos Jogos pode ser entendida como o estudo da tomada de decisões entre indivíduos, quando o resultado de cada um depende

---

E mais: "Compra e venda de soja. Inaplicável a teoria da imprevisão, vez que quando da contratação, o vendedor assumiu o risco da estimativa de preço, obrigação de dar coisa incerta. Incabível a extinção da obrigação face o art. 877 do Código Civil". (TJRS, Ap. 592076897, 6ª CC, Relator Desembargador Sérgio Gischkow Pereira).

No caso dos contratos aleatórios, como visto, não se pode dizer que se encaixam nas modalidades em que se poderá alegar a onerosidade excessiva, pois seus traços característicos são absolutamente incompatíveis com os requisitos traçados pelo art. 478 do Código Civil, conforme será adiante demonstrado.

Portanto, pode-se dizer, com Caio Mário da Silva Pereira (*op. cit.* p. 78), que "São aleatórios os contratos em que a prestação de uma das partes não é precisamente conhecida e suscetível de estimativa prévia, inexistindo equivalência com a da outra parte. Além disto, ficam dependentes de um acontecimento incerto." Nessa extensão, em qualquer modalidade em que se verifique o contrato aleatório, certamente haverá o risco como seu principal elemento, seja quanto à existência do bem objeto da negociação, seja ainda com relação à quantidade em que virá a se verificar.

Gize-se que a diferença básica entre os contratos aleatórios dos comutativos, reside no fato de que naqueles o risco é de sua essência, ao passo que nestes, a relativa certeza quanto às condições em que o negócio irá se desenvolver e a equivalência de prestações são suas principais características.

Nesse sentido, cumpre trazer à baila os dizeres de Carlos Alberto Bittar Filho, que assevera: "Não é a todos os contratos que se aplica a teoria da imprevisão – seu campo de incidência não é ilimitado. Pode ser invocada essa teoria, com efeito, somente em se tratando de certas espécies contratuais, de acordo com os lindes traçados pela doutrina e pela jurisprudência. Assim, é plenamente possível a utilização da teoria em apreço em se tratando de contratos comutativos de execução diferida, continuada ou periódica, não se podendo dela cogitar para a resolução de contratos aleatórios, ou unilaterais." (*Teoria da imprevisão, dos poderes o juiz.* São Paulo: Revista dos Tribunais, 1993, p. 23).

das decisões dos outros, numa ideia de interdependência que ocorre em um "jogo". Isso quer dizer que as decisões não são independentes e que os ganhos decorrentes dessas decisões dependem de ações que visem o encontro de um equilíbrio, o qual é denominado de Equilíbrio de Nash,[35] em homenagem a John Nash Jr., quem contribuiu, de forma definitiva, para a propagação dos jogos estratégicos, no ano de 1950.

Cumpre ressaltar que a Teoria dos Jogos visa demonstrar que, embora os indivíduos se posicionem com o intuito de satisfazerem seus próprios interesses, haverá situações em que há interação com outros indivíduos, e que tal comportamento não prevalecerá (ou não deveria prevalecer, sob pena de, inclusive, gerar prejuízo a todos que participam dessa relação).[36]

De acordo com a supracitada teoria, uma decisão poderá ter vários desfechos com relação aos "jogos", os quais podem apresentar os seguintes resultados para um determinado indivíduo: (i) ganhar, (ii) perder ou (iii) empatar e, ainda, (iv) nem perder e nem ganhar.

José Augusto Moreira de Carvalho,[37] produzindo o texto intitulado de *Introdução à Teoria dos Jogos no Direito*, cita o entendimento de Paulo Sandroni, com relação à aplicação da teoria no mundo dos negócios:

> De modo geral, a teoria dos jogos demonstra que, em jogos de apenas uma pessoa, a estratégia é determinada exclusivamente pelas regras do próprio jogo. Em jogos com duas pessoas, cada jogador leva em consideração as possíveis estratégias do outro. [...] Finalmente, nos jogos com mais de duas pessoas, o que uma perde não é necessariamente ganho por outra, exigindo considerações mais complexas. No entanto, o resultado pode ser influenciado pela formação de coalizões, até o ponto de reduzir o jogo com n participantes a um jogo com apenas dois participantes. No mundo dos negócios podem acontecer situações desse tipo, quando

---

35 BORICHELO, Fernando. *Teoria dos jogos.* Disponível em: <http://www.teoriadosjogos.net/list-trechos.asp?. *id=24*>. Acesso em: 23 abr. 2011.

36 CARVALHO, José Augusto Moreira de. *Introdução à teoria dos jogos no direito.* Direito Empresarial: falimentar e recuperação empresarial. São Paulo: Revista dos Tribunais, 2011, p. 179.

37 CARVALHO, José Augusto Moreira de. Introdução à teoria dos jogos no direito. Direito Empresarial: falimentar e recuperação empresarial. *In*: WALD, Arnaldo (Org.). *Dicionário de economia e administração.* Os economistas. São Paulo: Nova Cultura, 1996, p. 415..

algumas empresas de grande porte fazem acordos com a finalidade de retirar do mercado pequenos concorrentes e exercer de fato um poder de cartel.[38]

Nesse sentido, trazendo à baila as incompletudes do Contrato de Opção, pode-se observar que tais incompletudes não podem servir de plataforma para frustrar o ambiente de um determinado "jogo", ou seja, elas não podem ser completadas para beneficiar qualquer um dos jogadores envolvidos, pois, assim, não se chegaria ao equilíbrio esperado.

Para melhor entender a questão aqui proposta, suponhamos que uma determinada pessoa X, que tenha interesse em vender um imóvel no valor de R$ 500.000,00 (quinhentos mil reais), e a pessoa Y, interessada em adquirir o referido imóvel, unam-se com o intuito de estabelecer um Contrato de Opção (Opção de Compra), cujo valor do prêmio é de R$ 30.000, 00 (trinta mil reais) e, além do prêmio, terá o prazo de exercício fixado em três meses. Firmado tal contrato entre as partes e, passado o prazo de exercício, ou seja, três meses decorridos da assinatura do Contrato de Opção, caso o oblato (comprador) não adquira o imóvel, por exemplo, pelo fato do imóvel ter sofrido uma desvalorização, ele terá um prejuízo equivalente ao prêmio, certo de que o proponente (vendedor) lucrou o valor de R$ 30.000,00 (trinta mil reais).

Em contrapartida, se o oblato (comprador), então, adquire o bem no prazo de três meses (prazo de exercício), pagará pelo valor total do imóvel, ou seja, R$ 500.000,00 (quinhentos mil reais), sendo que, na hipótese de ter ocorrido uma valorização, passando o imóvel a valer R$ 600.000,00 (seiscentos mil reais), o oblato (comprador) é que terá o lucro, no total de R$ 100.000,00, tendo em vista que o Contrato de Opção garante ao oblato (comprador) a permanência do preço estipulado, mesmo diante das alterações provocadas pelo mercado imobiliário. Esta variação é álea inerente, daí por que não incidir as regras de revisão contratual, em Contrato de Opção.

Continuando o exemplo aqui apresentado, poderá ocorrer um desfecho diferente, por exemplo, se o prazo de exercício for fixado de acordo com um determinado fenômeno previsível, ou seja, caso o prazo

---

[38] SANDRONI, Paulo *apud* CARVALHO, José Augusto Moreira de. Introdução à teoria dos jogos no direito. Direito Empresarial: falimentar e recuperação empresarial. *In*: WALD, Arnaldo (Org.). *Dicionário de economia e administração.* Os economistas. São Paulo: Nova Cultura, 1996, p. 415.

(termo) seja de acordo com o início das chuvas (*v.g.*: o início das chuvas de verão, compreendendo a taxa pluviométrica de 200 mm), nesse caso, pode acontecer de o proponente (vendedor) ser privilegiado por uma informação meteorológica, a qual não seria possível ser obtida pelo oblato (comprador), o que faria, com isso, que este último fosse prejudicado no negócio. Assim, ocorreria uma situação em que um jogador seria colocado em desvantagem em relação ao outro, situação provocada pela assimetria de informações. Considerando-se essa situação hipotética, percebemos que o agir do proponente (vendedor), buscando exclusivamente o seu interesse pessoal, direcionou o "jogo" a um completo desequilíbrio.

Diante do exemplo acima colacionado, é possível observar uma hipótese que não pode ocorrer quando se trata de um Contrato de Opção, visto que as incompletudes jamais podem ser solucionadas colocando uma parte com privilégios em detrimento da outra, no momento de sua celebração, pois na busca de uma solução para o impasse deve-se manter a paridade informacional. O que nos leva a concluir, portanto, que a "álea" não pode decorrer de assimetria informacional que golpeie o aspecto competitivo do "jogo".

Observa-se, pois, que a assimetria informacional que faria com que o proponente (vendedor) lucrasse o valor do prêmio, R$ 30.000,00 (trinta mil reais), induz que, nas decisões tomadas de forma independente e com privilégios (assimetria informacional), com intuito de burlar o estipulado na Opção, não direciona ao equilíbrio necessário para o desfecho do negócio, conforme prelecionou John Nash.[39]

Após a breve análise do que é a Teoria dos Jogos e como ela se aplica no mundo fático, merece atenção, ainda, a estreita relação entre essa teoria e o Direito. Sendo assim, o "Dilema do Prisioneiro", o jogo mais conhecido e difundido na Teoria dos Jogos, que melhor discorrerá sobre a relação aqui mencionada, pois é a demonstração da técnica sobre a elucidação de um crime, no qual se tem dois indiciados a serem ouvidos pela autoridade policial. Na persecução do fim do

---

39 NASH, John *apud* CARVALHO, José Augusto Moreira de. Introdução à teoria dos jogos no direito. Direito Empresarial: falimentar e recuperação empresarial. *In*: WALD, Arnaldo (Org.). *Dicionário de economia e administração.* Os economistas. São Paulo: Nova Cultura, 1996, p. 415.

"jogo" são utilizadas estratégias que demonstram a utilização da teoria no âmbito jurídico. Vejamos o enredo:

> Dois delinquentes cometem um crime e são presos posteriormente. A polícia, porém, não tem provas contundentes sobre o grau de participação de ambos no crime. Diante dessa situação, a polícia coloca os indiciados em salas separadas e, a cada um, isoladamente, faz uma proposta: se o primeiro indiciado concordar em confessar o crime e acusar o parceiro, livrar-se-á da cadeia e seu cúmplice ficará preso por quatro anos (a recíproca também é verdadeira para o outro indiciado); se ambos confessarem o crime, cada um ficará preso por dois anos, uma vez que a confissão perderá a eficácia como acusação do comparsa; se não houver confissão de nenhum indiciado, os dois ficarão presos por um ano, uma vez que as provas que os policiais possuem somente permitem provar o crime de menor potencial ofensivo.[40]

O que se depreende do "Dilema do Prisioneiro" é que a melhor solução para o "jogo" seria que os jogadores confessassem, uma vez que cada um deles vai escolher para si a melhor estratégia possível, levando em consideração, também, a melhor estratégia que deverá ser adotada pelo outro. Essa combinação de estratégias, na qual está presente uma posição de equilíbrio para ambos os jogadores, é o que denominamos de "Equilíbrio de Nash".[41]

Diante do todo aqui exposto, é possível concluir que a Teoria dos Jogos é uma importante ferramenta para os operadores do Direito. A Teoria dos Jogos tem como objetivo precípuo a previsão de resultados e, em consequência, o estabelecimento de estratégias, a fim de resolver ou tentar minimizar os impasses que surgem na busca de soluções nos conflitos judiciais e processuais entre particulares.[42]

---

40 CARVALHO, José Augusto Moreira de. *Introdução à teoria dos jogos no direito*. Direito Empresarial: falimentar e recuperação empresarial. São Paulo: Revista dos Tribunais, 2011, p.191.

41 CARVALHO, José Augusto Moreira de. *Introdução à teoria dos jogos no direito*. Direito Empresarial: falimentar e recuperação empresarial. São Paulo: Revista dos Tribunais, 2011, p.191.

42 CARVALHO, José Augusto Moreira de. *Introdução à teoria dos jogos no direito*. Direito Empresarial: falimentar e recuperação empresarial. São Paulo: Revista dos Tribunais, 2011, p.199-200.

4.4 INCOMPLETUDES DO CONTRATO DE OPÇÃO NO DIREITO BRASILEIRO

Misabel Abreu Machado Derzi tratou dos sistemas móveis (positivismo aberto a soluções flexíveis) e imóveis (positivismo fechado em partes fixas e rígidas), segundo lições do alemão Wilhelm Canaris, chegando à seguinte conclusão:

> Enfim, sistema móvel não é cláusula geral. Ele contém uma parte fixa e convive, dentro do Direito, com sistemas imóveis, inerentes àqueles setores em que prevalece a segurança jurídica em relação à justiça como igualdade. Nos direitos reais, nos títulos de créditos e nas sucessões (diremos ainda no Direito Tributário e no Direito Penal), em que cresce a importância da segurança jurídica, avultam as previsões normativas rígidas, vazadas em conceitos determinados e fechados.
>
> Mas interessa ainda destacar que, naqueles sítios, onde se impõem a igualdade e as diferenciações relevantes, a ordem jurídica autoriza o sistema móvel, em que os elementos se combinam em número e intensidade variável, tudo disponível para abarcar as fluidas transições de um caso concreto a outro. Mesmo assim, ressalta o jurista, o sistema móvel sofre limitações, pois os elementos que o compõem são limitados pela própria ordem jurídica, o que reduz a possibilidade de se atender até o fim às peculiaridades de cada caso concreto.[43]

Problemas surgem nos contratos preliminares no requisito de preenchimento de todas as cláusulas essenciais do contrato definitivo, pois assim dispõe o art. 462, do Código Civil. O objeto do contrato definitivo deve ser bem definido no contrato preliminar, de maneira precisa, de modo a evitar dúvidas sobre a natureza, a qualificação e o alcance do contrato a ser firmado no futuro, acaso o oblato exerça seu direito potestativo. O preço de exercício também deve ser definido com precisão. É possível fixar as cláusulas do contrato definitivo, podendo ser consignadas no contrato preliminar. É importante estabelecer o prazo de exercício, seja ele na modalidade americana (a qual o direito potestativo pode ser exercido a qualquer tempo, até o termo final fixado) ou europeia (o direito potestativo deve ser exercido em data certa). Mesmo tomando todos os cuidados, ainda assim podem

---

[43] DERZI, Misabel Abreu Machado. *Modificações da jurisprudência no direito tributário.* São Paulo: Noeses, 2009, p. 164-165.

persistir incompletudes acidentais, cujo tratamento recomendado por Fernando Araújo é o seguinte:

> *O problema da interpretação do contrato incompleto*
>
> Quando se trata de apurar se uma determinada conduta do devedor constitui ou não o cumprimento da obrigação principal a que ficou adstrito, o julgador externo, limitado pela assimetria informativa, deverá desenvolver um esforço interpretativo que lhe permita em primeiro lugar apurar qual a principal obrigação que emerge do contrato, e que depois lhe permita determinar qual é o modo normal, expectável, de cumprimento dessa obrigação. É especialmente nesse âmbito que surge o confronto entre textualismo e contextualismo – o primeiro assente na convicção de que tudo há-de conter-se no clausulado contratual e de não é preciso buscar-se apoios extrínsecos para a interpretação dos deveres que impendem sobre a parte devedora e para a descoberta dos modos de cumprimento desses deveres que sejam tidos por legítimos, o segundo assente na convicção oposta de que esse ponto interpretativo há-de basear-se numa ponderação de elementos intrínsecos e extrínsecos, começando pela indagação relativa às finalidades que o contrato serve e acabando na consideração do peso que as circunstâncias têm no desempenho das condutas a que o devedor ficou adstrito.[44]

Os contratos que têm o risco como ingrediente são denominados aleatórios, conforme os arts. 458, 459, 460 e 461 do Código Civil. Um bom exemplo de contrato aleatório é a Opção, que é modalidade de contrato preliminar, unilateral, com disciplina do art. 466, do Código Civil.[45] A cooperação nos contratos aleatórios – ao contrário do que

---

[44] ARAÚJO, Fernando. *Análise econômica do direito* – Programa e guia de estudo. Lisboa: Almedina, 2008, p. 509.

[45] BIERWAGEN, Mônica Yoshizato. *Princípios e regras de interpretação dos contratos no novo Código Civil.* 2. ed. São Paulo: Saraiva, 2003, p. 114-115: "Por derradeiro, dispõe o art. 466 que, 'se a promessa de contrato for unilateral, o credor, sob pena de ficar a mesma sem efeito, deverá manifestar-se no prazo nela previsto, ou, inexistindo este, no que lhe for razoavelmente assinado pelo devedor.' Promessa unilateral de contrato, também chamada de opção, é aquela em que somente uma das partes se obriga a firmar o contrato definitivo e a outra reserva-se o direito de não concluí-lo. Nesse caso, o credor, ou seja, aquele que não contraiu obrigação alguma deve expressar a sua vontade de celebrar o contrato definitivo no prazo estabelecido no pré-contrato ou, se neste não estiver estipulado, no prazo razoavelmente determinado pelo devedor."

parece – precisa ser ainda mais marcante, até o limite das expectativas objetivamente contratadas. Nos contratos unilaterais, em que somente uma parte tem obrigação, a credora deverá, também, manter conduta reta, contudo, até o limite entre o que se espera da integração comum entre os pactuantes e aquele aonde reside a "aposta", a álea, em que o descortino dos fatos beneficiará a uma ou outra parte.

É inerente ao Contrato de Opção o desejo da parte que se obriga, o proponente, que o credor, o oblato, não exerça seu direito potestativo no prazo fixado; trata-se de uma álea negociada.

Ocorre que não cuidou o legislador de atribuir nome ao contrato preliminar unilateral que outorga a uma das partes o direito potestativo de firmar ou não o contrato definitivo. Este contrato preliminar deveria receber expressamente o nome de Opção, uma vez que essa é a denominação dada aos contratos com tal qualificação jurídica.

A lei é incompleta até nessa omissão quanto ao nome do contrato. Apesar da indicação do nome não ser essencial, pois com ou sem nome a qualificação é de Opção, conhecida nos mais diversos ordenamentos jurídicos, denuncia um descaso do legislador para essa importante ferramenta negocial, com suas diversas finalidades.

Note-se que o art. 466, do Código Civil de 2002, mostra-se não só demasiadamente discreto, mas intencionalmente faculta uma incompletude, entregando à razoabilidade o norte para desate de casuísticas contratuais.

O art. 466 deve ser lido com aqueles relativos aos aleatórios, de modo que o Código Civil se complete.

Nas palavras de Raquel Sztajn:

> Ninguém é perfeito – já se disse, muitas vezes, sobre certas pessoas, em muitas ocasiões. Também pode ser afirmado que, verdadeiramente, não existe contrato completo, que possa, por meio de suas cláusulas expressas, ver resolvido todas as questões jurídicas verificadas depois de sua conclusão, afetando-o em sua eficácia.[46]

---

[46] SZTAJN, Raquel. Direito e economia dos contratos. Os conceitos fundamentais. *In*: VERÇOSA, Haroldo Malheiros Duclerc. *Curso de direito comercial*. Fundamentos da teoria geral dos contratos. São Paulo: Malheiros, 2011, v. 4, t. I, p. 536.

A doutrina de Raquel Sztajn procurou distinguir o contrato preliminar, do Contrato de Opção, posição que não espelha o entendimento doutrinário majoritário, que trata a Opção como contrato preliminar, sem qualquer distinção:

> Enquanto no contrato preliminar as duas partes assumem direitos e obrigações em relação à celebração futura do contrato definitivo, examinando-se a opção sob o ponto de vista econômico-funcional, verifica-se que seu titular tem a prerrogativa individual de refletir sobre as condições do negócio antes de decidir se a exerce ou não, sendo-lhe facultado especular até o último dia do seu exercício sobre as condições de flutuação do mercado.
>
> Mesmo assim, Massimo Bianca indica a existência de visão diversa de parte da doutrina italiana, segundo a qual, do ponto de vista da função, não haveria diferença entre o contrato preliminar e a opção, tendo em vista que em ambos estaria presente o mesmo interesse, como seja, o de se criar instrumento que assegure, durante certo tempo, a vantagem de se decidir sobre a realização de um negócio. Mas se isto pode ser verdade em algumas situações, ainda assim não podem ser confundidos os dois institutos, porque no contrato preliminar cada uma das partes tem o direito de exigir a prestação da outra, enquanto na opção a conclusão do negócio depende tão somente da vontade daquele que pode exercê-la, encontrando-se a outra parte sujeita à manifestação da primeira.[47]

Parece ter razão a Professora Raquel Sztajn, pois se o contrato preliminar unilateral tiver cláusula de arrependimento, não será uma Opção, pois o arrependimento é inconciliável com o direito potestativo conferido ao oblato. O oblato, nesta hipótese, poderá ver frustrado seu direito, caso se consigne no instrumento cláusula de arrependimento. Daí a incidência do destaque dado pela doutrinadora, quanto aos direitos do proponente, que persistem, caso se trate de mero contrato preliminar unilateral. Para que seja uma opção deve ser o contrato irretratável. A lei deveria ser contundente neste particular.

---

[47] SZTAJN, Raquel. Direito e economia dos contratos. Os conceitos fundamentais. *In*: VERÇOSA, Haroldo Malheiros Duclerc. *Curso de direito comercial*. Fundamentos da teoria geral dos contratos. São Paulo: Malheiros, 2011, v. 4, t. I, p. 503.

O Contrato de Opção no Direito brasileiro mostra-se incompleto não só pelo aspecto intencional do legislador, de deixar em aberto o prazo de exercício, quando não fixado, expressamente, mas por exuberância, como dito nas linhas de Norberto Bobbio, mencionadas nesta trabalho, pois ao mesmo tempo que se determina a fixação de um prazo, abre-se para o exercício do direito potestativo em "prazo razoavelmente assinado pelo devedor".

5

A RAZOABILIDADE COMO NORTE PARA SOLUÇÃO DAS INCOMPLETUDES

Razoabilidade exprime racionalidade, vocábulos de mesmo radical e imbuídos de mesmos propósitos. Ensina Álvaro Ricardo Cruz[1] que a experiência sensível preenche espaços vazios de todos os atos, daí a necessidade de se socorrer no fato, na realidade em seu estado natural e em perspectiva dinâmica, buscando incrementar o sentido essencial do ato jurídico, a razão de sua existência como ser, instituto.

Da manifestação do negócio jurídico do Contrato de Opção, deve erigir produto inteligível, capaz de exprimir signo, significado e, por óbvio, o significante. O significante do Contrato de Opção é o negócio pelo qual se garantirá a uma das partes o direito de firmar outro contrato, sob determinado preço e em prazo fixado ou razoavelmente "assinado pelo devedor",[2] independente das externalidades que lhe alterem o conteúdo econômico. O signo é o próprio vocábulo Opção, consolidado nas rotinas econômicas. Finalmente, o significado,

---

1 CRUZ, Álvaro Ricardo de Souza. *A resposta correta* – Incursões jurídicas e filosóficas sobre as teorias da Justiça. Belo Horizonte: Arraes, 2011, p. 224. "Qualquer ato jurídico, de qualquer domínio do saber jurídico, é uma ação comunicativa empreendida dentro de um jogo que reconhece sua forma de acontecer. Requisitos, condições e seus elementos exigem serem compreendidos por aquilo que se dão no acontecer, como *know how*, e não como essência, como um know that do que quer que seja".

2 Parte final do art. 466 do CC.

é aquele dado pela norma jurídica. Álvaro Ricardo Cruz trouxe na obra retro citada crítica sobre a teoria da correspondência,[3] uma vez que não esgota a essência do ser, do negócio sob o prisma do domínio empírico. Tal conclusão nos remete ao mundo sensível, no qual o aspecto econômico incrementa o signo, alcançando-se o significante, numa perspectiva não meramente de linguagem, mas, sim, vivificante, um esforço pragmático.

Paula Forgioni assim aborda a racionalidade:

> Há inegavelmente uma racionalidade própria ao direito empresarial que cultivada, querida e incentivada pelo sistema, porque mola propulsora da fluência de relações do mercado. Basta pensar que, para fins de diminuição da insegurança e da imprevisibilidade, é preciso que o direito dê guarida ao comportamento legitimamente esperado de um comerciante ativo e probo. Não fosse dessa forma e o sistema não se prestaria à pacificação dos conflitos e a evitar crises. Essa mesma racionalidade era posta por Cairu, em simples frase:
>
> 'Presume-se que cada qual aprova o que lhe faz a bem, e que todo o prudente em igual caso desejaria, e praticaria.'
>
> De uma forma mais contemporânea, Natalino Irti traz lição para esclarecer essa intrincada questão: como podemos utilizar a função econômica do negócio como uma pauta para a sua interpretação? A vantagem do estabelecimento da relação entre função econômica e interpretação aparece clara: revestir a interpretação contratual de um juízo de coerência e previsibilidade (ou calculabilidade, como quer Irti inspirado em Weber) que viabiliza e incrementa o funcionamento do sistema.[4]

Exatamente com base na ideia de razão, sob o enfoque econômico, sobretudo da segurança jurídica, é que o jurista deve buscar respostas por meio de incursões cada vez mais atreladas ao fato, em seu nicho de ocorrência. Não há receita pronta para tratamento de todas as incompletudes, mas as soluções devem partir de premissas verdadeiras,

---

3 Que representa a apreensão inteligível, pela linguagem, ou seja, "linguagem como instrumento para a construção de seu pensamento". (CRUZ, Álvaro Ricardo de Souza. *A resposta correta* – Incursões jurídicas e filosóficas sobre as teorias da Justiça. Belo Horizonte: Arraes, 2011, p. 9).

4 FORGIONI, Paula A. *Contrato de distribuição.* 2. ed. São Paulo: Revista dos Tribunais, 2008, p. 531.

ou pelo menos aparentemente verdadeiras, capazes de diminuir o risco da eleição das falsas, pseudoverdadeiras.

Importa destacar que qualquer que seja o desate dado à incompletude, deve pautar-se na segurança jurídica,[5] com ênfase na previsibilidade e na estabilidade, conforme lições de Roberto Barroso.[6]

A Opção é exatamente o contrato pelo qual o credor busca segurança econômica, necessitando, contudo, da segurança jurídica de que poderá exercer seu direito potestativo, de modo a prover o

---

[5] "O conhecimento convencional, de longa data, situa a segurança – e, no seu âmbito, a segurança jurídica – como um dos fundamentos do Estado e do Direito, ao lado da justiça e, mais recentemente, do bem-estar social. As teorias democráticas acerca da origem e justificação do Estado, de base contratualista, assentam-se sobre uma cláusula comutativa: recebe-se em segurança aquilo que se concede em liberdade. Consagrada no art. 2° da Declaração dos Direitos do Homem e do Cidadão. De 1789, como um direito natural e imprescritível, a segurança encontra-se positivada como um direito individual na Constituição brasileira de 1988, ao lado dos direitos à vida, à liberdade, à igualdade e à propriedade, na dicção expressa do caput do art. 5°.
O próprio constitucionalismo francês procurou conceituar o termo, no preâmbulo da Constituição de 24 de junho de 1793: 'A segurança consiste na proteção conferida pela sociedade a cada um de seus membros para conservação de sua pessoa, de seus direitos e de suas propriedades'. Tal formulação a aproxima da cláusula do devido processo legal do direito anglo-saxão, incorporada quase literalmente à Constituição brasileira em vigor, no art. 5°, LIV." (BARROSO, Luis Roberto. A segurança jurídica na era da velocidade e do pragmatismo. *Revista do Instituto dos Advogados Brasileiros*, n. 94, p. 1, 2000. Disponível em: <www.iabnacional.org.br>. Acesso em: 20 fev. 2007).

[6] 1. A existência de instituições estatais dotadas de poder e garantias, assim como sujeitas ao princípio da legalidade;
2.A confiança nos atos do Poder Público, que deverão reger-se pela boa-fé e pela razoabilidade;
3. A estabilidade das relações jurídicas, manifestada na durabilidade das normas, na anterioridade das leis em relação aos fatos sobre os quais incidem e na conservação de direitos em face da lei nova;
4. A previsibilidade dos comportamentos, tanto os que devem ser seguidos como os que devem ser suportados;
5. Igualdade na lei e perante a lei, inclusive com soluções isonômicas para situações idênticas ou próximas.(BARROSO, Luis Roberto. A segurança jurídica na era da velocidade e do pragmatismo. *Revista do Instituto dos Advogados Brasileiros*, n. 94, p. 1-2, 2000. Disponível em: <www.iabnacional.org.br>. Acesso em: 20 fev. 2007).

contingenciamento das adversidades econômicas ou estratégicas. Como derivativo, inclusive negociado no mercado financeiro, sua função de delimitar ambiente da álea intrínseca, negociada no contrato, tem na segurança seu principal atrativo, de modo que estará blindado de regras revisionistas que possam subtrair do oblato o direito de exercer seu direito potestativo.

A pós-modernidade, nas linhas de Zygmunt Bauman,[7] é marcada por um paradoxo no que diz respeito à segurança, contudo, no ambiente contratual, dela não se pode prescindir. Não se concebe justiça contratual sem segurança, daí a importância de dar efetividade aos

---

[7] BAUMAN, Zygmunt. *O mal-estar da pós-modernidade.* Trad. Mauro Gama, Cláudia Martinelli Gama. Rio de Janeiro: Jorge Zahar, 1998, p. 10. "A civilização – a ordem imposta a uma humanidade naturalmente desordenada – é um compromisso, uma troca continuamente reclamada e para sempre instigada a se renegociar. O princípio de prazer está aí reduzido à medida do princípio de realidade e as normas compreendem essa realidade que é a medida do realista. 'O homem civilizado trocou o quinhão de segurança'. Por mais justificadas e realistas que possam ser as nossas tentativas de superar defeitos específicos das soluções de hoje, 'talvez possam também familiarizar-nos com a ideia de que há dificuldades inerentes à natureza da civilização que não se submeterão a qualquer tentativa de reforma'.
Dessa ordem que era orgulho da modernidade e a pedra angular de todas as suas outras realizações (quer se apresentando sob a mesma rubrica de ordem, quer se escondendo sob os codinomes de beleza e limpeza), Freud falou em termos de "compulsão", "regulação", "supressão" ou "renúncia forçada". Esses mal-estares que eram a marca registrada da modernidade resultaram do "excesso de ordem" e sua inseparável companheira- a escassez de liberdade. A segurança ante a tripla ameaça escondida no frágil corpo, o indômito mundo e os agressivos vizinhos chamados para o sacrifício da liberdade: primeiramente, e antes de tudo, a liberdade do indivíduo para a procura do prazer. Dentro da estrutura de uma civilização concentrada na segurança, mais liberdade significa menos mal-estar. Dentro da estrutura de uma civilização que escolheu limitar a liberdade em nome da segurança, mais ordem significa mais mal-estar. "
"Você ganha alguma coisa e, em troca, perde alguma outra coisa: a antiga norma mantém-se hoje tão verdadeira quanto o era então. Só que os ganhos e as perdas mudaram de lugar: os homens e as mulheres pós-modernos trocaram um quinhão de suas possibilidades de segurança por um quinhão de felicidade. Os mal-estares da pós-modernidade provêm de uma espécie de liberdade de procura do prazer que tolera uma segurança individual pequena demais".

contratos, ainda mais quando uma das partes firma o negócio na perspectiva de sua força coativa.

A previsibilidade no contrato unilateral é aquela voltada para a força coativa contra o devedor da Opção, acaso se comporte recalcitrante no cumprimento da obrigação que lhe cabe exclusivamente. Contudo, o termo empregado pelo art. 466, do Código Civil de 2002, produz uma escala de interpretação ampla, ameaçando – aparentemente – o exercício do direito potestativo do credor, sugerindo existência de ambiente discricionário para aquilatar o sentido de "razoavelmente assinado".

A incompletude deve ser enfrentada aprioristicamente, em se tratando de contratos aleatórios, ainda mais que o elemento *tempo* é decisivo para o exercício do direito potestativo de firmar o contrato definitivo.

É bom informar que a Opção não cria mera expectativa de direito[8] para o credor, mas direito concreto de contratar. Nem mesmo seria conveniente falar em legítima expectativa de direito, pois ainda assim estaria sendo reduzido o contrato a mera negociação preliminar, que é diferente de contrato preliminar. O direito do credor da Opção é aquele denominado Direito consumado, ou seja, nas palavras de Luís Roberto Barroso, "o fato aquisitivo já se completou e o efeito previsto na norma já se produziu integralmente",[9] ou seja, o contrato preliminar de opção outorga o direito consumado de o credor exercer ou não o direito de firmar, no futuro, o contrato definitivo.

Submetendo o termo razoabilidade na Teoria da Norma, significaria, na linha de Robert Alexy, comando de definição e, como princípio, comando de otimização. A diferença mostrada entre este e Ronald Dworkin, seria um "tudo ou nada" relativamente às regras. A identidade das linhas está na particularidade de que ambos rechaçam o conflito entre princípios, dizendo que os mesmos devem ser

---

8 BARROSO, Luis Roberto. A segurança jurídica na era da velocidade e do pragmatismo. *Revista do Instituto dos Advogados Brasileiros*, n. 94, p. 6, 2000. Disponível em: <www.iabnacional.org.br>. Acesso em: 20 fev. 2007: O fato aquisitivo teve início, mas não se completou.

9 BARROSO, Luis Roberto. A segurança jurídica na era da velocidade e do pragmatismo. *Revista do Instituto dos Advogados Brasileiros*, n. 94, p. 6, 2000. Disponível em: <www.iabnacional.org.br>. Acesso em: 20 fev. 2007.

sopesados. Lembre-se que, na Teoria da Norma, os valores podem colidir-se, princípios jamais.

Todavia, no enfrentamento da razoabilidade do prazo de exercício da Opção, não se deve afastar a investigação sob o prisma utilitarista, concebida pelo inglês Jeremy Bentham (1748-1832), certamente oriunda do Hedonismo de Epicuro que, por sua vez, vem de Sócrates, ao indagar aos seus alunos, na maiêutica, "o que é bom?". Aristipo de Cirene (c. 435-360 a.C.) concluiu que bom era simplesmente prazer (*hêdonê*), segundo Michael Flocker,[10] ora, bom, no plano contratual, é aquilo que não produz surpresa, a menos que seja negociada, como é o caso da álea negociada na Opção.

Na obra de Michael J. Sandel, informou-se o seguinte sobre Jeremy Bentham:

> Jeremy Bentham, filósofo moral e estudioso das leis, fundou a doutrina utilitarista. Sua ideia central é formulada de maneira simples e tem apelo intuitivo: o mais elevado objetivo da moral é maximizar a felicidade, assegurando a hegemonia do prazer sobre a dor.[11]

Continua Michael Sandel:[12] "Todas as divergências morais, devidamente compreendidas, são discordâncias sobre como se deve aplicar o princípio utilitarista da maximização do prazer e da minimização da dor".

É importante traçar um "tipo" jurídico da *razão*, sob pena de colocá-la no labirinto de Étienne Condillac,[13] que, no festejado *Tratado*

---

10 À guisa de ilustração, Michael Flocker respondeu: "Essa teoria foi elaborada mais tarde por um ateniense chamado Epicuro (341-270), que ensinava no seu tranquilo jardim que o objetivo de todos os nossos atos deveria ser o de alcançar o prazer, que prazer era o supremo bem. Ele acreditava que somente ao dominar o temos dos deuses e da morte era possível encontrar o verdadeiro caminho para a felicidade. Mas Epicuro não foi afoito nem míope nos seus ensinamentos. Ele alertou que a pessoa sábia evita os prazeres que podem levar ao sofrimento. O equilíbrio era a chave, e a busca do prazer trazia consigo implícita noção de responsabilidade." (FLOCKER, Michael. *Manual do hedonista.* Rio de Janeiro: Rocco, 1963, p. 21).

11 SANDEL, Michael J. *Justiça* – o que é fazer a coisa certa. Trad. Heloisa Matias e Maria Alice Máximo. 6. ed. Rio de Janeiro: Civilização Brasileira, 2012, p. 48.

12 SANDEL, Michael J. *Justiça* – o que é fazer a coisa certa. Trad. Heloisa Matias e Maria Alice Máximo. 6. ed. Rio de Janeiro: Civilização Brasileira, 2012, p. 49.

13 CONDILLAC, Étienne de. *Tratado das sensações.* Tradução Denise Nottman. Campinas: Unicamp, 1993, p. 31.

das Sensações, atribui a origem de todo conhecimento na sensação. Ora, sensação é demasiadamente subjetiva, pessoal, conjectural e vazia de critério.

Francis Bacon,[14] em razão da impossibilidade de se conhecer algo ou alguém de imediato, sugere o seguinte: "Em todos os assuntos um tanto difíceis, é mister não querer semear e colher ao mesmo tempo, devendo-se ter o cuidado de fazer uma preparação dos negócios e conduzi-los gradativamente até seu ponto de amadurecimento".

Qual seria esse *timing* de "amadurecimento"?

Esse amadurecimento seria julgado pelas impressões subjetivas. Da mesma forma se mostra o termo "razoavelmente", que consta no art. 466, do Código Civil. Certamente, Francis Bacon recomendaria a utilização da Opção a seus seguidores, pois a parcimônia é uma boa receita para bons negócios, e o tempo – inevitavelmente – revela a essência dos objetos e dos sujeitos.

A questão do tipo foi objeto de investigação da Professora Misabel Abreu Machado Derzi:

> É enorme a literatura, no campo das Ciências sociais, sobre tipo. Na Psicologia, na Filosofia, na História, na Metodologia e no Direito, a palavra tipo tornou-se moda já na primeira metade do século XX, podendo-se dizer que pouquíssimos termos técnicos gozaram de tamanha popularidade. E, a partir de então, como todo modismo, cresceu e se expandiu, a ponto de causar incômodo em certos ramos do conhecimento humano. Ambiguidade, polissemia e sentidos contraditórios são fenômenos que Leenen denomina de 'o mal-estar na tipologia'.[15]

Em outras palavras, a disseminação do vocábulo tipo culminou em patologia vocabular. Tipo não pode ser conceito fechado, pois o tipo sempre é aberto, sempre suscetível às adaptações exigidas pela dinâmica econômica.

Continua Misabel Abreu Machado Derzi:

---

14 BACON, Francis. *Ensaio sobre moral e política.* Trad. Edsob Bini. Bauru: Edipro, 2001, p. 160.

15 DERZI, Misabel Abreu Machado. *Modificações da jurisprudência no direito tributário.* São Paulo: Noeses, 2009, p. 81-82.

> Como observa Larenz, o tipo ideal weberiano é ideal no sentido lógico, porque não quer ser uma diretriz ou norma; nele se acentua, artificialmente, a peculiaridade do fenômeno, tornando-se útil ao conhecimento das formas mistas ou menos puras encontráveis na realidade.
>
> [...] o tipo é mais específico que o conceito [...]
>
> A primazia de uma e outra forma de raciocínio, sempre em tensão, na realidade, é manifestação da prevalência de tendências e princípios que também se relacionam em constante tensão: justiça, igualdade, uniformidade, segurança, praticidade, legitimidade e legalidade, economia utilidade etc. Uns e outros levam a movimentos de conceitualização ou tipificação.[16]

A necessidade levará a adotar certa máxima como conceito ou tipo. A opção deve ser indicada pela conveniência, mas certamente exige coerência, não podendo ser aplicado um ou outro, mas adotado como pressuposto se será visto e entendido como conceito ou tipo.

Sobre a necessidade de contextualização consentânea, ensina Misabel Abreu Machado Derzi:

> [...] a linguagem do Direito positivo é uma linguagem não atualizada, que contém referencias aos dados do mundo. É linguagem natural, e é por isso que um raciocínio dentro do direito não é questão lógica, mas extra lógica, uma vez não atualizado.[17]

A dinâmica dos fatos leva a uma necessidade perene de atualização dos conceitos, portanto, o Direito adota o tipo, o conceito aberto, para sistematizar seu raciocínio e seu método interpretativo, de modo que seja sempre consentâneo à ideia predominante de justiça.

Enquanto o conceito é classificatório, o tipo é conceito aberto, que necessita de preenchimento de valor. Eis o problema. O que seria *valor*, afinal? Razoabilidade como tipo funcionaria bem a partir da consideração de quais valores?

---

16 DERZI, Misabel Abreu Machado. *Modificações da jurisprudência no direito tributário.* São Paulo: Noeses, 2009, p. 86.

17 DERZI, Misabel Abreu Machado. *Modificações da jurisprudência no direito tributário.* São Paulo: Noeses, 2009, p. 127.

5.1 CONFLITO DA DEFINIÇÃO DE CAUSA E MOTIVO CONTRATUAIS E O SIGNIFICADO DE RAZOABILIDADE

Não se mostra viável tratar da *razoabilidade* sem adentrar à seara da *causa* e do *motivo* contratuais. De fato, às vezes, causa, objeto e motivo se confundem no contrato, o que se flagra naqueles firmados com fins específicos, cuja *performance* esperada foi determinante para sua celebração. Não verificada a *performance* esperada, considerando causa como motivo, restará concluído que não houve aperfeiçoamento da causa, portanto, atrai-se o necessário desate pela inexistência do contrato. Caso se entenda que a ausência de *performance* – frustração da causa prometida – estaria no campo da função social do contrato, o não atendimento deste implicaria na aplicação do art. 476, do Código Civil de 2002, ou seja, implicaria na suspensão da prestação da parte que se obrigara com o resultado, conforme lições de Raquel Sztajn,[18] que arremata seu raciocínio invocando Vicenzo Roppo, que lembrou a divergência histórica do instituto da causa quanto ao significado e ao valor.

Diversas são as teorias das causas, conforme investigou Raquel Sztajn,[19] que concluiu inexistir no Direito brasileiro tratamento direto.[20] A despeito desta constatação, temos um dispositivo que define objetivamente a causa, qual seja, o arts. 421 do Código Civil que, ao declinar a função social como fim do contrato, afasta dela os motivos da contratação, deslocando-a para um horizonte além. O art. 422, do Código Civil, ao abordar a boa-fé e a probidade, indica que, na contratação que fomenta a circulação de riqueza, os agentes devem agir com retidão, portanto, este dispositivo não subtrai a qualidade daquele como indicador da natureza da causa, em nosso ordenamento

---

18 SZTAJN, Raquel. Direito e economia dos contratos. Os conceitos fundamentais. *In*: VERÇOSA, Haroldo Malheiros Duclerc. *Curso de direito comercial*. Fundamentos da teoria geral dos contratos. São Paulo: Malheiros, 2011, v. 4, t. I, p. 240.

19 SZTAJN, Raquel. Direito e economia dos contratos. Os conceitos fundamentais. *In*: VERÇOSA, Haroldo Malheiros Duclerc. *Curso de direito comercial*. Fundamentos da teoria geral dos contratos. São Paulo: Malheiros, 2011, v. 4, t. I, p. 249 e segs.

20 SZTAJN, Raquel. Direito e economia dos contratos. Os conceitos fundamentais. *In*: VERÇOSA, Haroldo Malheiros Duclerc. *Curso de direito comercial*. Fundamentos da teoria geral dos contratos. São Paulo: Malheiros, 2011, v. 4, t. I, p. 290.

jurídico. O primeiro trata da causa contratual, o segundo do dever de conduta, o modo de agir como contratante.

Significa razoável aquilo que se mostrar coerente com a causa, sob o ponto de vista da função social, e com a conduta, analisada sob o crivo da boa-fé e da probidade. Ocorre que a razoabilidade contratual não se confunde com a razoabilidade principiológica que inspira predileções de justiça, no enfoque da Teoria da Norma ou do Utilitarismo, resultado de inspirações hedonistas de Epicuro.

5.2 A RAZOABILIDADE SOB ANÁLISE DE *SWOT*

A razoabilidade comporta incidência de recursos utilitaristas que podem ser implementados pela análise de *SWOT*.

É interessante o conteúdo da norma do art. 421, do Código Civil, que faz expressa menção à função social, asseverando que a liberdade de contratar será exercida em razão dela.

No silêncio do contrato, a razoabilidade deve ser aplicada como regra, vista na análise da causa e da conduta, sendo que esta adjetiva aquela.

O exemplo clássico pode ser visto no contrato de compra e venda de um imóvel, no qual está instalada uma indústria de beneficiamento de determinada cultura local, em certo *cluster* ou Arranjo Produtivo Local – APL. O adquirente firma o negócio para transformá-lo em mera posição especulativa, suspendendo suas operações, comprometendo a cadeia produtiva. O negócio é lícito em sua causa e a conduta das partes regular, apesar de criar embaraços para o meio econômico no qual está inserido. Adotando a teoria de Robert Alexy, apesar de existir o princípio da razoabilidade, este não incidirá na casuística, para se infirmar o negócio, porque outro, de maior relevância no caso concreto, que garante a liberdade e a propriedade, em tese, teria aplicação mais adequada. Se mudarmos o prisma, considerando o mesmo negócio no contexto de o adquirente ter captado dinheiro no mercado, com algum subsídio ou obtido regime especial tributário para manter lá sua atividade, acaso deixe de cumprir, poderá ensejar ruptura motivada, desta vez por verdadeiro inadimplemento contratual, seja por infração à causa ou ao dever de conduta, mesmo se quitar o preço e inexistir qualquer previsão consignada no instrumento. Não se trata de reserva mental, prevista no art. 110, do Código Civil, mas de infração à regra da causalidade ou do modo de agir, a conduta, elevada a dever pela norma positivada.

É necessária a tentativa de teorizar a análise da razoabilidade, mostrando-se aplicável a análise de SWOT, como ocorre nas Ciências Econômicas.

5.2.1 Análise de SWOT sob abordagem filosófica (do direito)

É sempre desafiador abordar matéria jurídica sob enfoques filosóficos. Não se pretende adentrar com amiúde no complexo aspecto filosófico envolvendo o tratamento da razoabilidade, mas sinalizar a necessidade de um investimento intelectual menos positivista. Para guardar coerência lógica, nesta abordagem adotar-se-á o sistema filosófico do Realismo Jurídico Clássico.

Javier Hervada assinala que: "A Filosofia do Direito é assim denominada por ser o saber filosófico cujo objeto é o direito. É a especulação filosófica sobre o direito".[21]

Contudo, essas assertivas ainda não resolvem a incompletude do próprio significado de direito, que pode ser compreendido sob diversos prismas, por suas variedades, conforme assinala Javier Hervada: "A arte do direito tem por objeto dizer o direito (*iuris dictio*), determinar os direitos das pessoas e sua extensão. Em outras palavras, tem por objeto determinar o título e a medida do direito".[22]

O enfrentamento da razoabilidade, sob enfoque filosófico, objetiva apresentar mais uma ferramenta para o Direito, perante o que se espera do justo, dentro do razoável.

Michel Villey se debruçou acerca das razões que justificariam estudar Filosofia do Direito, consignando em suas *questões* valiosos mananciais de reflexão como segue: "Faltam os fins e os princípios. De que me serve conhecer os horários dos trens se não tenho a menor ideia do destino da viagem e da estação em que devo embarcar?".[23]

---

[21] HERVADA, Javier. *Lições propedêuticas de direito.* São Paulo: Martins Fontes, 2008, p. 1.

[22] HERVADA, Javier. *O que é direito.* São Paulo: Martins Fontes, 2008, p. 55.

[23] VILLEY, Michel. *Filosofia do direito.* São Paulo: Martins Fontes, 2008, p. 7.

Não foi sem propósito filosófico que é trazida a ferramenta metodológica da análise de *SWOT*, oriunda das áreas econômicas,[24] como recurso especulativo, alternativo à lógica, em suas diversas matizes, pois a pretensão é induzir abstração por meio de algum critério coerente em suas premissas.

O problema estará nas premissas, cuja ideia da lógica aristotélica de que a premissa maior falsa culmina em resultado também falso, na análise de *SWOT*, também o será, contudo, as variáveis são maiores, diluindo ou anulando o peso da falsificação na diversidade de seus feixes verificativos. Por exemplo, se o resultado falsificado estiver nas *forças*, por premissa falsa neste nicho, mas nos demais nichos (*fraquezas, oportunidades* e *ameaças*) não as houver (premissas falsas), a conclusão poderá ser verdadeira.

A análise de *SWOT* compreende:

(S) *Strengths* (Pontos Fortes, de origem interna);

(W) *Weaknesses* (Pontos Fracos, de origem interna);

---

[24] A Análise *SWOT* é uma ferramenta utilizada para fazer análise de cenário (ou análise de ambiente), sendo usado como base para gestão e planejamento estratégico de uma corporação ou empresa, mas podendo, devido a sua simplicidade, ser utilizada para qualquer tipo de análise de cenário, desde a criação de um blog à gestão de uma multinacional. A Análise *SWOT* é um sistema simples para posicionar ou verificar a posição estratégica da empresa no ambiente em questão. A técnica é creditada a *Albert Humphrey*, que liderou um projeto de pesquisa na Universidade de Stanford nas décadas de 1960 e 1970, usando dados da revista Fortune das 500 maiores corporações. O termo *SWOT* é uma sigla oriunda do idioma inglês, e é um acrónimo de Forças (**S**trengths), Fraquezas (***W**eaknesses*), Oportunidades (**O**pportunities) e Ameaças (***T**hreats*). Não há registros precisos sobre a origem desse tipo de análise, segundo PÚBLIO (2008) a análise SWOT foi criada por dois professores da Harvard Business School: Kenneth Andrews e Roland Christensen. Por outro lado, *TARAPANOFF* (2001:209) indica que a idéia da análise *SWOT* já era utilizada há mais de dois mil anos quando cita em uma epígrafe um conselho de Sun Tzu: "Concentre-se nos pontos fortes, reconheça as fraquezas, agarre as oportunidades e proteja-se contra as ameaças" (*SUN TZU*, 500 a.C.) Apesar de bastante divulgada e citada por autores, é difícil encontrar uma literatura que aborde diretamente esse tema. O caminho mais indicado para entender o conceito da análise *SWOT* é buscar diretamente sua fonte: The concept of corporate strategy, do próprio Kenneth Andrews. Porém, uma leitura superficial dessa fonte frustra os mais afoitos por definições precisas e modelos práticos, pois o autor não faz nenhuma referência direta à análise *SWOT* em todo seu livro..

(O) *Opportunities* (Oportunidades externas);

(T) *Threats* (Ameaças externas).

A análise de *SWOT*, também conhecida como análise FOFA (usando as iniciais de *forte*, *oportunidade*, *fraco* e *ameaça)* é adotada como método de avaliação dos princípios, para que se obtenha um resultado, mesmo que parcial.

Na abordagem da razoabilidade, faz-se necessário tocar na Filosofia, pois dela poderá partir a utilização da ferramenta metodológica de investigação de cenários econômicos.

A Filosofia é de aplicação irrestrita, como lembra Isaiah Berlin:

> Qual é o tema da Filosofia? Não há nenhuma resposta universalmente aceita para essa pergunta. As opiniões diferem, desde aqueles que a consideram uma contemplação de todo o tempo e de toda a existência – a rainha das ciências, a pedra angular de todo o arco do conhecimento humano – até aqueles que desejam descartá-la como uma pseudociência que explora confusões verbais, um sintoma de imaturidade intelectual, destinada junto com a teologia e outras disciplinas especulativas ao museu de antiguidades curiosas, assim como a astrologia e a alquimia foram há muito tempo banidas pela marcha vitoriosa das ciências naturais.[25]

A Filosofia permite sublimações, incursões e especulações sobre horizontes mais longínquos. Talvez seja essa sua maior virtude. Assim, nela há de caber a análise de *SWOT*, cuja combinação com o Realismo Jurídico Clássico trará boa alternativa para soluções de incompletudes – como se vê do dispositivo legal do art. 466 do Código Civil – certamente com tez econômica, alma jurídica e corpo filosófico. Para tanto, os aplicadores hão de evitar combinações que gerem híbridos estéreis, como muares, que, apesar de eficientes, não se reproduzem. A ideia de razão deve ser tipológica, sempre suscetível a produzir ideias férteis, hábeis a encontrar respostas adequadas ao momento social e econômico.

---

25 BERLIN, Isaiah; HARDY, Henry (Org.). *A força das ideias*. Trad. Rosaura Eichenberg. São Paulo: Companhia das Letras, 2005, p. 47.

5.2.1.1 Realismo jurídico clássico

Nas *Lições Propedêuticas de Filosofia do Direito*, de Javier Hervada, é visto que a Filosofia do Direito erige-se da Filosofia, por via de seus instrumentos de cognição, objetivando complementar a Ciência Jurídica, com a qual não se confunde e, também, que duas noções absolutas devem permear o campo filosófico do Direito, que são a de direito e a de justiça. Finalmente, Filosofia corresponde à ideia de sabedoria, critica e avalia o fato jurídico tal como aparece em suas fontes de positivação e formalização, como conhecimento superior que atinge os princípios supremos e o mais íntimo ser da realidade jurídica. Conhecer a Filosofia do Direito é uma necessidade, vivificando-se nas reflexões sobre a natureza e finalidade das leis, enriquecendo o ofício de jurista. Logo, no prólogo da referida obra, verifica-se que Javier Hervada busca utilizar linguagem acessível, distanciando-se dos esquemas filosóficos e da própria linguagem que comprometem a *performance* de compreensão, pois endereça seu trabalho aos alunos. A finalidade é atrair o estudante de Direito às letras da Filosofia jurídica. A categoria filosófica tratada na obra é o realismo jurídico clássico e suas perspectivas. É exatamente neste sistema de Filosofia do Direito que a análise de *SWOT* incidirá no ensaio aqui proposto. Javier Hervada adverte, ainda no prólogo, que não pretende enveredar-se por polêmicas, tampouco tem a pretensão de expor panorama das diversas correntes de Filosofia jurídica, mas colocá-las ao lado do Positivismo Normativista, que chama de "etapa mórbida da ciência jurídica em fase de superação".[26]

Javier Hervada diz que a Filosofia do Direito é o saber filosófico cujo objeto é o direito, uma especulação filosófica sobre o direito, apresentando, inclusive, a diferença entre Filosofia especulativa e filosófica prática:[27] enquanto a primeira adentra à intimidade do fato, a segunda diz respeito à orientação para ação, ou a própria ética. Para Javier Hervada, a função da Filosofia seria revelar ao homem aspectos

---

[26] HERVADA, Javier. *Lições propedêuticas de direito.* São Paulo: Martins Fontes, 2008. Prólogo.

[27] HERVADA, Javier. *Lições propedêuticas de direito.* São Paulo: Martins Fontes, 2008, p. 10.

sobre si mesmo, o mundo em que está imerso, com o desejo de atingir aquele saber fundamental que dê coerência a seu agir. A Filosofia, segundo ele, não constitui disciplina única, mas um conjunto de disciplinas, a exemplo da metafísica, gnosiologia, Filosofia da natureza, antropologia, lógica etc.[28]

O que encoraja esta abordagem sobre aplicação da análise de *SWOT*, sob perspectiva filosófica, no Direito, e em especial às incompletudes observadas no Contrato de Opção, é a assertiva sobre a dinâmica do conhecimento que, no Realismo Jurídico Clássico, parte do empirismo, como caminho necessário para o metaempirismo, a experiência inteligível,[29] seja para a Filosofia especulativa (intimidade), seja para a prática (orientação para ação – ética).[30]

Se nos fosse dado – pela abundância de recursos e por conveniências moral e social – viver à moda hedonista, de Epicuro, o Direito não teria a mínima razão de ser, pois inexistiriam contingências a serem corrigidas. Contudo, a realidade é de escassez e impotência diante dos desejos infinitos lastreados na natureza humana e pela própria marcha das perenes contingências da vida. Neste vazio, o Contrato de Opção objetiva garantir a preservação de expectativas, imunizando a obrigação do proponente, a favor do oblato, dos efeitos da álea natural. Contra os desejos e os ímpetos, inclusive instintos – não podemos negar – surge imponente o direito. O proponente da Opção, ao celebrar o contrato, encerra sua vontade, passando a ter a obrigação. Lembre-se que o pagamento do preço (preço de exercício na opção) é componente do contrato definitivo, portanto, não se integra à prestação do contrato preliminar, mas do definitivo. Não há espaço para perquirição de justiça ou injustiça pela álea verificada entre a formação do Contrato de Opção e o termo final do exercício do direito potestativo de contratar ou não. Está é, inclusive, a opinião de Eros Roberto Grau, que diz inexistir justiça ou injustiça, mas que:

---

28 HERVADA, Javier. *Lições propedêuticas de direito.* São Paulo: Martins Fontes, 2008, p. 5.

29 HERVADA, Javier. *Lições propedêuticas de direito.* São Paulo: Martins Fontes, 2008, p. 9.

30 HERVADA, Javier. *Lições propedêuticas de direito.* São Paulo: Martins Fontes, 2008, p. 10-11.

os sentidos, de uma e outra, são assumidos exclusivamente quando se as relacione à segurança (segurança social), tal como concebida em determinado momento histórico vivido por determinada sociedade. Por isso mesmo e que, em rigor, a teoria do direito não é uma teoria da justiça, porém, na dicção de Habermas (1992/241), uma teoria da prestação jurisdicional e do discurso jurídico.[31]

Elucubrações sobre direito e justiça sob a ótica filosófica são encontradas na Escolástica (após a Idade Média), principalmente em Tomás de Aquino, em textos católicos (obras de teologia com fragmentos filosóficos),[32] e até hoje se mostram como discussão necessária. Josef Pieper[33] compara o poeta ao filósofo pelo aspecto da admiração. O jurista não está fora deste grupo, que também deve observar os fatos e cotejá-los à norma.

Em razão do aspecto realístico do fato, segundo impressões da observação empírica, componentes do Realismo Jurídico Clássico, pode-se, facilmente, conciliar este estilo filosófico à analise de *SWOT*, servindo como ferramenta a serviço da interpretação contratual e até de soluções às incompletudes. No ambiente contratual, a realidade não pode ser aquela idealizada por letras frias do instrumento, devendo ser enfrentada à luz da constatação empírica, pois contrato não é local estéril, mas estuário rico, suscetível a externalidades, que reclamam atuação do direito, para lhe manter na proa do encontro de vontades que o ensejou.

5.2.1.2 Aplicação da análise de SWOT, *sob inspiração do realismo jurídico clássico, em tratamento de normas de possível aplicação às* incompletudes verificadas nas Opções

A Filosofia, como ferramenta de reflexão, bem aparelhada com mecanismos de análise científica, poderá representar propedêutica eficiente para a interpretação, integração de normas, valoração de provas e do interesse público que envolvam as mais diversas casuísticas

---

31 GRAU, Eros Roberto. *O direito posto e o direito pressuposto.* São Paulo: Malheiros. 1996, p. 73.

32 HERVADA, Javier. *Lições propedêuticas de direito.* São Paulo: Martins Fontes, 2008, p. 21.

33 PIEPER, Josef. *Que é filosofar?* São Paulo: Loyola, 2007, p. 7.

contratuais. Acredita-se que este ponto se afigura polêmico, mas, sem dúvida, pode servir de possível caminho metodológico, inspirado em máximas filosóficas, para soluções de controvérsias. Em se tratando de ensaio sobre incompletude formalista, elege-se como ponto de partida – como é próprio do estilo do Realismo Jurídico Clássico – a leitura do Código Civil, no que diz respeito às regras de interpretação. Parece ser de consenso que suas disposições se mostram tímidas em expor regras eficientes de interpretação,[34] e se afigura ainda mais insuficiente quando se está diante de conflitos contratuais, pois se aumentam as variáveis e externalidades.

Como proposta metodológica, elegeu-se neste trabalho a utilização do método da análise de *SWOT*, sob perspectiva do Realismo Jurídico Clássico. Para investigação, foram criados cenários com aplicação das regras do Direito Civil e do Direito Empresarial. Os resultados deverão ser avaliados sob óticas econômica, social, ética, lógica e jurídica, por meio de método comparativo e atribuição de pesos atribuídos na análise de *SWOT*.

No âmbito da casuística haverá a incidência dos pontos fortes e fracos, como análise interna. Quantos aos efeitos gerais da norma, inclusive econômicos, examinar-se-ão as ameaças e as oportunidades.

Propõe-se analisar pontos fortes de cada uma das regras de interpretação, levando-se em consideração os seguintes pontos:

---

34 Art. 113. Os negócios jurídicos devem ser interpretados conforme a boa-fé e os usos do lugar de sua celebração.

Art. 114. Os negócios jurídicos benéficos e a renúncia interpretam-se estritamente.

Art. 141. A transmissão errônea da vontade por meios interpostos é anulável nos mesmos casos em que o é a declaração direta.

Art. 299. É facultado a terceiro assumir a obrigação do devedor, com o consentimento expresso do credor, ficando exonerado o devedor primitivo, salvo se aquele, ao tempo da assunção, era insolvente e o credor o ignorava.

Parágrafo único. Qualquer das partes pode assinar prazo ao credor para que consinta na assunção da dívida, interpretando-se o seu silêncio como recusa.

Art. 423. Quando houver no contrato de adesão cláusulas ambíguas ou contraditórias, dever-se-á adotar a interpretação mais favorável ao aderente.

Art. 819. A fiança dar-se-á por escrito, e não admite interpretação extensiva.

Art. 843. A transação interpreta-se restritivamente, e por ela não se transmitem, apenas se declaram ou reconhecem direitos.

Forças:

a) a aplicação da regra x é de compreensão e aplicação objetivas, no caso concreto?

Fraquezas:

a) a aplicação da regra x poderia promover o enriquecimento ilícito, no caso concreto?

Ameaças:

a) a aplicação da regra x poderia induzir comportamento econômico capaz de prejudicar a circulação de riqueza?

b) poderia induzir comportamento de dissimulação de contratos ou de relações jurídicas, com o propósito de afastar a casuística do risco daquela interpretação?

c) existem antinomias aparentes capazes de dificultar a aplicação efetiva da regra em exame?

d) fomentaria a inadimplência?

c) aumentariam custos?

Oportunidades:

a) a aplicação da regra x poderia determinar ou induzir o meio econômico a formalizar instrumentos e termos de forma mais explícita e segura, tornando mais acessível o exame do conteúdo de documentos?

b) poderia impor uma tendência mais solidária sobre matérias contratuais?

c) teria repercussão econômica em proveito da maximização do bem-estar produzido pela riqueza?

No esforço próprio do jurista de encontrar justiça no Direito, depara-se com ensaios inacabados, métodos artificiais de resultados inconvincentes, teorias produzidas pela vaidade intelectual em si mesma e a esta restrita, entre outros tantos resíduos de elucubrações primárias. Não são inéditos os assuntos aqui tratados, especialmente, a análise de *SWOT* e o Realismo Jurídico Clássico, mas, muito provavelmente, jamais se tentou aplicar análise de *SWOT*, sob perspectiva do estilo realista em questão, ingrediente necessário para um ver melhor, livre de abstrações convenientes, como se a sociedade fosse uma pedra imóvel.

O realismo jurídico clássico convida o jurista a um esforço de observação, contemplação e ponderação. A análise de *SWOT* apenas oferece pontos de tratamento, nichos que são verdadeiros observatórios.

No enfrentamento da razoabilidade, análise de *SWOT* e Realismo Jurídico Clássico podem representar boas alternativas para respostas mais adequadas sob o ponto de vista econômico, pois encerram uma investigação real, enquanto a investigação positivista nem sempre oferece bases consentâneas, capazes de alicerçar soluções viáveis, considerando a dinâmica dos vínculos jurídicos.

5.3 A RAZOABILIDADE RECLAMADA NO ARTIGO 466 DO CÓDIGO CIVIL DE 2002

A nosso ver, a doutrina não conseguiu chegar perto de uma explicação razoável do que seria prazo "razoavelmente assinado pelo devedor".

Gustavo Tepedino, Heloisa Helena Barbosa, Maria Celina Bodin de Moraes sugerem o enfrentamento da razoabilidade consignada no art. 466 no contexto da casuística, sem, contudo, oferecer critérios para tanto:

> Trata-se de um princípio análogo ao que rege a obrigatoriedade da proposta feita a pessoa ausente, daí a remissão aos comentários já feitos a propósito do art. 428, II. A omissão do credor, no sentido de manifestara sua vontade de que o contrato definitivo seja celebrado, retira o caráter obrigatório da promessa, liberando o promitente, já que a lei não lhe quer indefinidamente vinculado, não importando sequer se tal omissão é devida a um caso fortuito ou de força maior.
>
> Como visto a propósito do mencionado art. 428 – em relação, especificamente, ao conceito de 'tempo suficiente' –, o problema está em se definir o que seja um prazo 'razoavelmente assinado pelo devedor'. Entende-se que o conceito de razoabilidade não se presa a limites apriorísticos, pois que deverá ser construído à luz das circunstâncias concretas, inclusive, e especialmente, à luz da maior ou menor complexidade do negócio a que se reporta a promessa. Aqui, com, em geral, em todos aqueles casos onde é dado ao juiz uma maior margem decisória, avulta em importância

o princípio da boa-fé, na sua dimensão de parâmetro de interpretação-integração contratual (v. art. 422).[35]

Nas poucas abordagens doutrinárias sobre o tema da incompletude consignada no art. 466, do Código Civil, poucos oferecem soluções e, quando o fazem, parecem ignorar o texto da lei, adotando método prático, contudo, injusto, como fez Nelson Rosenvald,[36] ao sugerir que bastará a notificação do credor da Opção ao devedor. Ora, o prazo não poderá ser determinado pelo credor, sob pena de transformar seu direito potestativo em puramente potestativo, vedado pelo art. 122, do Código Civil.

---

[35] TEPEDINO, Gustavo; BARBOZA, Heloisa Helena; MORAES, Maria Celina Bodin de. *Código interpretado conforme a Constituição da República.* Rio de Janeiro: Renovar, 2006, v. II, p. 104.

[36] O artigo em exame aduz que, quando não houver prazo, o credor será cientificado por um termo razoável, aposto em notificação. ROSENVALD, Nelson; PELUSO, Cezar (Coord.). *Código Civil comentado*: doutrina e jurisprudência. Lei n. 10.406, de 10.01.2002: contém o Código Civil de 1916. 3. ed. Barueri, SP: Manole, 2009, p. 501.

6

FORÇA COATIVA DA OPÇÃO

A recusa do proponente devedor em firmar o negócio definitivo implicará no cumprimento compulsório, conforme entende a doutrina[1] e autoriza a jurisprudência,[2] nos termos do atual art. 497 do Código de Processo Civil de 2015.[3] O art. 497 do Código de Processo Civil de 2015 corresponde ao art. 461[4] do Código de Processo Civil

---

1 Nesse sentido, citem-se as lições de GOMES, Orlando. *Contratos.* 26. ed. Rio de Janeiro: Forense, 2008, p. 289-290: "Já a opção de compra, compreendendo, como compreende, vinculação irretratável, comporta a execução sob a forma específica, porque não é necessária uma sentença para vincular o proponente, vinculado que se acha pela sua própria declaração de vontade. Permitido é, nessa hipótese, obter sentença constitutiva de igual eficácia do contrato recusado. O Código Civil de 2002 admite a execução específica do contrato preliminar estipulado sem cláusula de arrependimento, seja ele unilateral ou bilateral, o que parece tornar menos relevante, do ponto de vista prático, a distinção entre opção de compra e promessa de venda."

2 Nesse sentido, veja-se o seguinte precedente do Superior Tribunal de Justiça: "Obrigação de fazer. Opção para compra de imóvel. Execução especifica. Tratando-se de opção de compra irrevogável, valida e regular, uma vez não cumprida pelo devedor a obrigação, e permitido ao credor obter a condenação daquele a emitir a manifestação de vontade a que se comprometeu, sob pena de, não o fazendo, produzir a sentença o mesmo efeito do contrato a ser firmado. Aplicação do art. 639 do CPC. Recurso especial conhecido e provido." (REsp 5.406/SP, Rel. Ministro Barros Monteiro, Quarte Turma, julgado em 26.03.1991, *DJ* 29.04.1991, p. 5.273).

3 Art. 497. Na ação que tenha por objeto a prestação de fazer ou de não fazer, o juiz, se procedente o pedido, concederá a tutela específica ou determinará providências que assegurem a obtenção de tutela pelo resultado prático equivalente.

4 Art. 461. Na ação que tenha por objeto o cumprimento de obrigação de fazer ou não fazer, o juiz concederá a tutela específica da obrigação ou, se procedente o

de 1973. A redação no novo CPC corrigiu a redação anterior, mas manteve o mesmo conteúdo. No novo CPC foram excluídos os arts. 466-B[5] e 466-C,[6] do Código de 1973. O art. 466-B deixava explícito o direito de o beneficiário da Opção obter uma sentença judicial com os mesmos efeitos do contrato definitivo que deveria ter sido firmado pelo outorgante e, ainda, conforme consenso jurisprudencial, perdas e danos ou indenização substitutiva. Já o 466-C condicionava o manejo da ação ao depósito judicial prévio do preço de exercício, quando exigível o pagamento prévio, o que parece ser óbvio, dispensando expressa alusão normativa.

A ausência de correspondência dos arts. 466-B e 466-C do antigo CPC no novo texto de 2015 não muda o mecanismo substancial de exigência da obrigação de fazer. Persiste a exigência do pagamento prévio ou depósito judicial do preço de exercício se o contrato preliminar dispuser que o pagamento deve ser anterior ou concomitante à contratação. Do contrário, o manejo da ação poderá ocorrer, sem pagamento ou depósito prévios. Deverão ser realizados, conforme o caso, no momento fixado na contratação preliminar, contudo, o preço passará a ser integrante do contrato definitivo.

O contrato preliminar unilateral é uma promessa unilateral de contrato pela qual o promitente se obriga a contratar perante o seu contratante que não se obriga, mas que possui o direito potestativo de contratar ou não dentro de um prazo certo ou incerto, porém determinável. Trata-se de instituto que o Direito francês consagrou como sendo a figura principal dos contratos preparatórios, principalmente de compra e venda de imóveis, conforme doutrina de Francois Dutilleul e Philippe Delebecque.[7]

---

pedido, determinará providências que assegurem o resultado prático equivalente ao do adimplemento.

5 Art. 466-B: Se aquele que se comprometeu a concluir um contrato não cumprir a obrigação, a outra parte, sendo isso possível e não excluído pelo título, poderá obter uma sentença que produza o mesmo efeito do contrato a ser firmado.

6 Art. 466-C: Tratando-se de contrato que tenha por objeto a transferência da propriedade de coisa determinada, ou de outro direito, a ação não será acolhida se a parte que a intentou não cumprir a sua prestação, nem a oferecer, nos casos e formas legais, salvo se ainda não exigível.

7 *La promesse unilatérale de vente a la doube nature de contrat de promesse et d'avant-contrat de vente. On peut la definir succintement comme le contrat par*

Na mesma linha, leciona Caio Mário da Silva Pereira:

> A promessa unilateral (mais usual no Direito Francês) consiste numa obrigação para uma das partes (promessa de vender ou promessa de comprar), enquanto a outra fica livre de realizar ou não o contrato [...] A promessa de vender – promessa a parte *venditoris* – por ter suscitado mais numerosos problemas, é mais rica de soluções, não estando os princípios que compõem a sua teoria perfeitamente assentados. E o caso da opção [...] A opção é contrato unilateral, que traz obrigação de contratar apenas para o promitente vendedor, pelas condições constantes no instrumento.[8]

A força coativa do Contrato de Opção é bem salientada nas lições de Orlando Gomes, que disserta sobre o tema reconhecendo seu aspecto unilateral e eficaz para produzir os efeitos obrigacionais para a parte credora, no caso da Opção, o oblato:

> Na promessa unilateral, a faculdade de exigir o cumprimento reserva-se exclusivamente a uma das partes. A outra contrai obrigação cujo adimplemento fica subordinado à vontade da que pode exigi-lo. A promessa unilateral de contrato chama-se, impropriamente, opção. A circunstância de criar obrigação *ex uno latere* não lhe tira a natureza contratual, por evidente que só se torna perfeita pelo acordo de vontades.[9]

Este pré-contrato pode ser, portanto, um contrato de promessa unilateral de venda (somente o promitente vendedor se obriga a vender – o contrato será a Opção de Compra), ou um contrato de promessa unilateral de compra (obrigando apenas o promitente comprador a comprar caso o vendedor decidir vender – o contrato será a Opção de Venda), cuja inadimplência enseja a via do art. 497, do atual CPC. Chama-se atenção para a nomenclatura, quando se utiliza o nome contrato de promessa, pois, tecnicamente, a parte credora é que

---

lequel le promettant s'engage à vendre um bien au bénéficiaire qui a le droit de l'acquérir dans um certain délai. (COLLART-DUTILLEUL, François; DELEBECQUE, Philippe. *Contrats civils et commerciaux*. 5. ed. Paris: Dalloz, 2001, p. 56).

8 PEREIRA, Caio Mário da Silva. *Instituições de direito civil.* 11. ed. Rio de Janeiro: Forense, 2003, v. III.

9 GOMES, Orlando. *Contratos.* 26. ed. Rio de Janeiro: Forense, 2008, p. 163.

projeta seu direito para o nome da Opção, ou seja, será de Venda quando o comprador se obriga a comprar e o vendedor tem a faculdade de vender; e será de Compra quando o vendedor se obriga a vender, enquanto o comprador tem a faculdade de comprar. Esta distinção é importante para melhor entender a força coativa do Contrato de Opção.

Segundo a voz unânime da doutrina, a qualificação de contrato preliminar unilateral, e não do contrato preliminar bilateral, repousa sobre a vontade do beneficiário da promessa unilateral de firmar ou não o negócio definitivo, sendo Opção de Compra, cuja promessa unilateral é de venda, pode o oblato comprar ou não,[10] na Opção de Venda, o oblato pode vender ou não, contudo, há de se conservar a obrigação, até o vencimento do prazo convencionado, mantendo incólume a liberdade do oblato de contratar ou não. Uma vez revelada a inadimplência do proponente, caberá a via de efetivação compulsória dos efeitos que emergem da Opção.

No Direito brasileiro, o contrato preliminar unilateral tem a sua sede no art. 466 do Código Civil que dispõe: "Se a promessa de contrato for unilateral, o credor, sob pena de ficar a mesma sem efeito, deverá manifestar-se no prazo nela previsto, ou, inexistindo este, no que lhe for razoavelmente assinado pelo devedor". Por coincidência, o CPC de 1973 indicava o caminho processual no artigo 466-B.

Incontestavelmente, o Código Civil de 2002 manifestou a sua preferência para o contrato preliminar bilateral, limitando a regulamentação da promessa unilateral à questão do prazo, indubitavelmente a peça-chave, o elemento essencial desta modalidade de pré-contrato, embora não exija que este prazo seja expressamente estipulado, obrigando o devedor, neste caso, a deixar ao credor um tempo razoável, ou suficiente, para exercer o seu direito de opção. A notificação premonitória não servirá para constituir a mora, mas para exteriorizar intenção, portanto, tecnicamente será o protesto judicial que dará o tom da razoabilidade, tendo o protesto este fim específico. Ao Poder Judiciário caberá investigar o aspecto da razoabilidade, no caso concreto, incompletude do art. 466 do Código Civil, que incomoda aos adeptos

---

[10] COLLART-DUTILLEUL, François; DELEBECQUE, Philippe. *Contrats civils et commerciaux*. 5. ed. Paris: Dalloz, 2001, p. 70.

de textos normativos mais estruturados em requisitos de segurança. Vale dizer, por si só, a notificação ou o protesto judicial não induzem fixação de prazo, mas apenas revelam interesse no exercício do direito emergente da Opção, quando não expressamente fixado.

A Opção é uma proposta irrevogável e consiste em afirmar que a parte contratante (o proponente – possível futuro vendedor, na opção de compra, ou comprador, na opção de venda) acha-se definitivamente privada de sua liberdade de contratar com terceiros, como analisa a doutrina de Philippe Malaurie e Laurent Aynès.[11]

A regulamentação pelo art. 466 do Código Civil do contrato preliminar unilateral garantiu sua execução coativa contra o contratante já obrigado que recusar de formalizar (e não de reproduzir) seu consentimento.[12] É importante observar no instrumento se há vícios intransponíveis e inconciliáveis com a Opção, que é a existência de cláusula de arrependimento por parte daquele que se obriga. Neste caso, admite-se, será um contrato unilateral, mas não uma opção. O manejo da ação cominatória estará condicionada ao não exercício anterior da faculdade daquele que se obrigou de desistir do negócio.

Em síntese, tratando-se do contrato de promessa unilateral, somente uma parte se obriga, o promitente ou o proponente da opção; a outra, o oblato, fica com a alternativa de contratar ou não, quando deverá satisfazer a exigência. Por exemplo, sendo de compra a opção, deverá o oblato efetivar o pagamento do preço, se esta for a condição para o contrato definitivo. Este contrato obedece, portanto, às normas dos contratos (Código Civil, arts. 104, e 421 a 479). Assim, em caso de inexecução imputável ao promitente ou proponente, aplicar-se-ão as regras da responsabilidade contratual (Código Civil, art. 389 e seguintes) e dos artigos do Código de Processo Civil pertinentes à Ação de Obrigação de Fazer ou Cominatória.

---

11 *"La promesse de vente aurait ainsi le cacatère d'une offre, ce qui est inexact: le promettant donne, dès la promesse, son consentement définitif au futur contrat".* (MALAURIE, Philippe; AYNÈS, Laurent. *Cours de droit civil.* Les Obligations, 2. Le contrat. 11. ed., Paris: Cujas, 2002, p. 63).

12 Neste sentido: AZEREDO, Antônio Junqueira de; MARINO, Francisco Paulo de Cescenzo *In*: GOMES, Orlando. *Contratos.* 26. ed. Rio de Janeiro: Forense, 2008, p. 290.

O objeto do contrato de promessa unilateral de venda ou de compra, por exemplo, ou contrato preliminar unilateral de venda ou de compra, é uma obrigação de fazer, isto é, celebrar mais tarde um contrato definitivo nas condições determinadas no instrumento, ou seja, uma compra e venda, caso o comprador decida comprar ou o vendedor decida vender. Evidentemente, os dois contratos não se confundem. Um, a promessa, contrato unilateral, antecede o outro, o contrato bilateral de compra e venda. A celebração do contrato definitivo de compra e venda caracteriza uma declaração de vontade, e depende da vontade discricionária do beneficiário da Opção, que poderá deixar de exercer o direito potestativo, sem que a outra parte tenha poder para impor o implemento, uma vez que não desfruta de tal faculdade.

A via processual a ser perseguida pelo credor da Opção, contra eventual recusa do devedor, em firmar o contrato definitivo, é a Ação de Obrigação de Fazer ou Cominatória, de acordo com o art. 497 do CPC de 2015.

7

POSSÍVEIS SOLUÇÕES ÀS INCOMPLETUDES DO CONTRATO DE OPÇÃO

Qualquer solução jurídica oferecida às incompletudes do Contrato de Opção deverá pautar-se na segurança jurídica. Indaga-se, por oportuno, qual seria o significado de segurança jurídica.

Dimitri Dimoulis, citado por Ricardo Cunha, ensina que: "a segurança jurídica é o resultado (subjetivo e de cunho psicológico) de uma configuração jurídica (objetiva), é a previsibilidade das consequências jurídicas".[1]

As emoções não são desprezíveis no Direito, tanto que Richard Posner, em sua obra *Fronteiras da Teoria do Direito*, dedica longa argumentação demonstrando que o aspecto emocional pode ser determinante para implementação de atos jurídicos, não só das partes, mas, também "ao estado emocional apropriado da autoridade judiciária, seja essa o juiz, seja o jurado".[2] O juiz, ao se deparar com um Contrato de Opção eivado de incompletude patológica, deverá buscar socorro na lei, lida como parte de um ordenamento jurídico uno, no qual as regras devem interagir-se, combinando-a com constatações empíricas,

---

1 DIMOULIS, Dimitri *apud* CUNHA, Ricarlos Almagro Vitoriano. *Segurança jurídica e crise no direito.* Belo Horizonte: Arraes, 2011, v. 1, p. 53.

2 POSNER, Richard A. *Fronteiras da teoria do direito.* Trad. Evandro Ferreira e Silva, Jefferson Luiz Camargo, Paulo Sales e Pedro Sette Câmara. São Paulo: Martins Fontes, 2011, p. 304.

conforme indica Robert Alexy,[3] que diz serem as questões empíricas elementos indicativos do Direito vigente, ou seja, a lei combinada com a constatação empírica indicará o Direito vigente.

A intensidade do Contrato Preliminar pode ser máxima, média e mínima, conforme abordagem de Alcides Tomasetti Jr., citado por Raquel Sztajn,[4] que diz respeito à predeterminação relativa ao conteúdo do Contrato Definitivo. Somente no caso de o Contrato Preliminar ostentar intensidade máxima é que se poderá obter suprimento judicial relativamente à celebração do Contrato Definitivo. Por intensidade mínima entende-se aquele pacto elaborado sob as perspectivas de um negócio não consumado e suscetível de acordos residuais ulteriores. A intensidade média corresponde ao fato de faltar algo em relação ao Contrato Definitivo que, apesar de não depender ou prescindir de nova declaração das partes, poderia subtrair segurança em elementos essenciais do Contrato Definitivo. O *leading case* noticiado por Raquel Sztajn[5] envolveu a venda do supermercado Disco ao Grupo Pão de Açúcar,[6] no qual a indefinição sob a estipulação do preço do aluguel das lojas culminou com a inexecução do contrato proporcionando reparação por perdas e danos. A doutrina chega a afirmar que a avença preliminar de intensidade mínima sequer tem *status* de Contrato Preliminar.

Apesar de o Contrato de Opção estar inserido na parte móvel do sistema jurídico (Wilhelm Canaris, citado por Misabel Abreu Machado Derzi),[7] se da análise de seu instrumento não forem identificados todos os requisitos do Contrato Definitivo, nos termos do art. 462 do Código Civil, não será Contrato Preliminar, mas "projeto de contrato".[8]

---

3 ALEXY, Robert; VALDÉS, Ernesto Garzón (Org.). *Conceito e validade do direito*. Trad. Gercélia Batista de Oliveira Mendes. São Paulo: Martins Fontes, 2009.

4 SZTAJN, Raquel. Direito e economia dos contratos. Os conceitos fundamentais. *In*: VERÇOSA, Haroldo Malheiros Duclerc. *Curso de direito comercial*. Fundamentos da teoria geral dos contratos. São Paulo: Malheiros, 2011, v. 4, t. I, p. 506.

5 SZTAJN, Raquel. Direito e economia dos contratos. Os conceitos fundamentais. *In*: VERÇOSA, Haroldo Malheiros Duclerc. *Curso de direito comercial*. Fundamentos da teoria geral dos contratos. São Paulo: Malheiros, 2011, v. 4, t. I, p. 507.

6 STF. RE 88.716-RJ, rel. Min. Moreira Alves.

7 CANARIS *apud* DERZI, Misabel Abreu Machado. *Modificações da jurisprudência no direito tributário*. São Paulo: Noeses, 2009, p. 161.

8 *Tantôt, c'est la formation de la vente qui dépend d'un évènement futur: la promesse de vente n'est alors qu'un projet, surtout si la survenance de l'évènement*

Portanto, dependendo das incompletudes, sequer será o instrumento reputado como um contrato, consistindo importante desafio do operador do Direito encontrar meios para preservar as tratativas, devendo ser evitadas, ao máximo, soluções que vilipendiam o esforço empreendido pelas partes, rumo a uma transação. Nas palavras de Richard Posner, em sua obra *A Economia da Justiça*, "a função econômica do direito contratual moderno é facilitar transações nas quais uma ou ambas as partes levam tempo considerável para cumprir sua obrigação".[9]

O tempo é elemento destacado no Direito Contratual, pois, enquanto o art. 134 do Código Civil diz que "os negócios jurídicos entre vivos, sem prazo, são exequíveis desde logo, salvo se execução tiver de ser feita em lugar diverso ou depender de tempo", o art. 466 do mesmo diploma flexibiliza aquela regra, dizendo que a vontade do oblato poderá ser manifestada em prazo razoável, assinado pelo devedor (proponente).

Nem mesmo a aplicação do art. 428 do Código Civil, que dispõe sobre a proposta sem prazo, prestaria subsídio à solução acerca de incompletudes produzidas pelo uso da dicção "razoavelmente assinado pelo devedor", como está no texto do art. 466, uma vez que "imediatamente" (art. 428, CC/2002) não espelha, nem de longe, "razoavelmente" (art. 466, CC/2002).

As soluções do Direito Empresarial levam em consideração a realidade consentânea e o dinamismo social, à luz da ideia predominan-

---

dépend du bon vouloir des parties. Des distinctions s'imposent. En droit civil, une condition est um évènement futur et incertain suspendant l'existence d'une obligation. Comme on ne peut en même temps s'obliger et ne pas s'obliger, seul un évènement ne dépendant pas des parties peut constituer une condition, car lui seul est incertain. Si l'évènement mis en « condition » est l'exercice par les parties d'un acte de volonté – telle la réitération de la promesse para acte authentique ou le paiment du prix, l'acte n'est pas conditionnel et peut avoir deux significations, selon la volonté des parties. Ou bien, elles se sont engagées à executer l'acte ; l'évènement n'est pas incertain, puis qu'elles peuvent y être contraintes ; il constitue un terme. Ou bien, il s'agit d'un projet, qui n'est pas obligatoire. (MALAURIE, Philippe; AYNÈS, Laurent; GAUTIER, Pierre-Yves. *Cours de Droit Civil.* Contrats spéciaux. 14. ed. Paris: LGDJ, 2002, p. 115-116).

9 POSNER, Richard A. *A economia da justiça.* Trad. Evandro Ferreira e Silva. São Paulo: Martins Fontes, 2010, p. 216.

te de justiça que, segundo Ronald Dworkin, devem partir de análise principiológica, com recursos a serem buscados até na literatura, conforme se vê do seguinte excerto de sua obra:

> Podemos dizer, de modo geral sob o que estão discordando aqueles que discordam quanto à melhor interpretação do precedente jurídico? Disse que uma interpretação literária tem como objetivo demonstrar como a obra em questão pode ser vista como a obra de arte mais valiosa, e para isso deve atentar para características formais de identidade, coerência e integridade, assim com para considerações mais substantivas de valor artístico. Uma interpretação plausível da prática jurídica também deve, de modo semelhante, passar por um teste de duas dimensões: deve ajustar-se a essa prática e demonstrar sua finalidade ou valor. Mas finalidade ou valor, aqui, não pode a valor artístico, porque o direito, ao contrário da literatura, não é um empreendimento artístico. O direito é um empreendimento político, cuja finalidade geral, se é que tem alguma, é coordenar o esforço social e individual, ou resolver disputas sociais e individuais, ou assegurar a justiça entre os cidadãos e entre eles e seu governo, ou alguma combinação dessas alternativas. (Essa caracterização é, ela própria, uma interpretação, é claro, mas permissível agora por ser relativamente neutra.) Assim, uma interpretação de qualquer ramo do direito, como o dos acidentes, deve demonstrar seu valor, em termos políticos, demonstrando o melhor princípio ou política que a serve.[10]

Da lavra do eminente Professor José Roberto de Castro Neves, erigiu o clássico prefaciado pela Professora Judith Martins-Costa, sob o título *Medida por Medida: o direito em Shakespeare*, cujo sumário revela a riqueza da literatura para o raciocínio jurídico, ao se cotejarem as obras com os temas jurídicos, *v.g.*: "O Mercador de Veneza: o abuso de direito"; "Tito Andrônico: o silêncio dos tribunais"; "Otelo, o Mouro de Veneza: a prova"; "Conto do Inverno: a lei injusta"; "Ricardo III: a moral"; "Hamlet: a responsabilidade"; "Rei Lear: o mau julgamento"; "As Alegres Comadres de Windsor: edificação em imóvel alheio" etc.[11]

---

10 DWORKIN, Ronald. *Uma questão de princípio*. 2. ed. Trad. Luís Borges. São Paulo: Martins Fontes, 2005, p. 239.

11 NEVES, José Roberto de Castro. *Medida por medida*: o direito em Shakspeare. Rio de Janeiro: GZ, 2013.

No desafio de oferecer soluções às incompletudes, todos os recursos são válidos, não se resumindo, muito menos se esgotando, em qualquer fórmula dogmática.

7.1 FUNÇÃO SOCIAL DO CONTRATO E RAZOABILIDADE

Função social não é mero adorno da Constituição Federal e do Código Civil, mas norte a ser perseguido na interpretação dos contratos e na aplicação do Direito quando de suas contingências.

Preleciona Gustavo Tepedino:

> Já é o terceiro aniversário da Constituição da República e os civilistas permanecem com o dever inadiável de compatibilizar o Código Civil e a legislação especial ao texto constitucional. Embora proclame-se de maneira quase unânime a supremacia constitucional na atividade hermenêutica, o certo é que o direito civil brasileiro não soube ainda incorporar o texto maior à sua práxis.[12]

O conflito entre o objeto do contrato e sua função social deve ser resolvido com o esforço adaptativo e, caso não aproveitável, com sua compulsória resolução. Não se trata de ponderar sobre ganhos ou perdas das partes, mas nos impactos que sua existência poderá produzir no meio econômico. A importância da aferição da função social é impositiva, não meramente decorativa, conforme arremata Gustavo Tepedino:

> [...] a aplicação direta das normas constitucionais não se reduz a uma mera questão de localização topográfica das normas aplicáveis às relações privadas. Trata-se, de maneira muito mais ampla, da inserção permanente e contínua da tábua axiológica constitucional nas categorias do direito privado, processo que se intensifica com o advento de novos diplomas legislativos, codificados ou extracodificados. [...]
>
> O desafio do jurista de hoje consiste precisamente na harmonização das fontes normativas, a partir dos valores e princípios constitucionais.[13]

---

12 TEPEDINO, Gustavo. *Temas de direito civil.* São Paulo: Renovar, 2009, t. III, p. 5.

13 TEPEDINO, Gustavo. *Temas de direito civil.* São Paulo: Renovar, 2009, t. III, p. 18.

A civilista Cláudia Lima Marques, trazendo o magistério do professor Clóvis do Couto e Silva, manifestou-se no sentido de que o contrato produz mais do que obrigação de cumprir a prestação, mas de conduta, de atuação clara das partes, de modo a dar segurança geral, inclusive ao meio econômico, inibindo utilização de trunfos capazes de servir de pretextos para o descumprimento do avençado:

> Esta visão dinâmica e realista do contrato é uma resposta a crise da teoria das fontes dos direitos das obrigações, pois permite observar que as relações contratuais durante toda a sua existência (fase de execução), mais ainda, no seu momento de elaboração (de tratativas) e no seu momento posterior (pós-eficácia), fazem nascer direitos e deveres outros que os resultantes da obrigação principal . Em outras palavras o contrato não envolve só a obrigação de prestar, mas envolve também uma obrigação de conduta![14]

Quanto mais se exigir conduta das partes, algo além da obrigação de cumprir a prestação, mais se evitará efeitos reflexos e frustrações contratuais em cascata. Por isso que o Código Civil, no parágrafo único de seu art. 2.035, assim dispôs:

> Art. 2.035.
>
> [...]..
>
> Parágrafo único – Nenhuma convenção prevalecerá se contrariar preceitos de ordem pública, tais como os estabelecidos por este Código para assegurar a função social da propriedade e dos contratos.

A inclusão de tal dispositivo no Código Civil representa avanço importante do Direito brasileiro, rumo à socialização do contrato, como instrumento de fomento de circulação de riqueza, daí a importância das cláusulas gerais, como preleciona Judith Martins-Costa:

> [...] as cláusulas gerais, do ponto de vista estrutural, constituem normas parcialmente em branco, as quais são completadas mediante a referência a regras extrajurídicas, de modo que a sua concretização exige que o juiz seja reenviado a modelos de comportamento e pautas de valoração._É, portanto, o aplicador da lei, direcionado pela cláusula geral a formar normas de decisão,

14 MARQUES, Cláudia Lima. *Contratos no Código de Defesa do Consumidor.* 3. ed. São Paulo: Revista dos Tribunais, 1999, p.108.

vinculadas a concretização de um valor, de uma diretiva ou de um padrão social, assim reconhecido como arquétipo exemplar da experiência social concreta.[15]

As cláusulas gerais ganham espaço especial no enfrentamento das incompletudes contratuais, concitando o intérprete a observar padrões sociais constatáveis na experiência concreta, por óbvio, consentânea, de modo a inspirar ilação adequada ao momento social conjugado ao cenário econômico atrelados aos preceitos de ordem pública, inclusive emanados da Constituição Federal.

7.2 BOA-FÉ OBJETIVA E PROBIDADE

Os civilistas Gustavo Tepedino, Heloisa Helena Barboza e Maria Celina Bodin de Moraes, no festejado *Código Civil Interpretado*, assim se posicionaram sobre a boa-fé, inserida hoje no art. 422, do Código Civil, dando ênfase no aspecto da conduta contraditória:

> Em tal contexto, faz-se referência ao princípio segundo o qual *nemo potest venire contra factum proprium*, ou seja, a ninguém é dado vir contra o próprio ato. Em sua acepção contemporânea, este princípio veda que alguém pratique uma conduta em contradição com sua conduta anterior, lesando a legítima confiança de quem acreditara na preservação daquele comportamento inicial. 'De fato, a proibição de comportamento contraditório não tem por fim a manutenção da coerência por si só, mas afigura-se razoável apenas quando e na medida em que a incoerência, a contradição aos próprios atos, possa violar expectativas despertadas em outrem e assim causar-lhes prejuízos.[16]

A vedação da prática de condutas contraditórias é a maior bandeira da Teoria da Boa-Fé Objetiva. O comportamento das partes, não só durante, mas antes e depois da execução do contrato, é corolário de

---

15 MARTINS-COSTA, Judith. O direito privado como um sistema em construção – As cláusulas gerais no projeto do Código Civil brasileiro. *Revista dos Tribunais,* São Paulo, v. 753, p. 32, 1988.

16 SCHREIBER, Anderson. A proibição do comportamento contraditório. *Apud* TEPEDINO, Gustavo; BARBOZA, Heloisa Helena; MORAES, Maria Celina Bodin de. *Código interpretado conforme a Constituição da República.* Rio de Janeiro: Renovar, 2006, v. II, p. 20.

justiça contratual, nas poucas vezes que justiça ou injustiça tomam alguma feição objetiva. No exame do contrato e de suas casuísticas, há de se verificar coerência, que sinaliza probidade, daí o encontro do justo, em matéria contratual, nos ensinamentos de Anderson Schreiber, sobretudo no que diz respeito à confiança, em via de ser elevada a princípio contratual:

> [...] a terceira função geralmente atribuída à boa-fé objetiva é a de impedir o exercício de direitos em contrariedade à recíproca lealdade e confiança que deve imperar nas relações privadas. Trata-se de uma aplicação da boa-fé em seu sentido negativo ou proibitivo: vedando comportamentos que, embora legal ou contratualmente assegurados, não se conformem com *standards* impostos pela cláusula geral. Aqui, a doutrina utiliza frequentemente a expressão exercício inadmissível de direitos, referindo-se ao exercício aparentemente lícito, mas vedado por contrariar a boa-fé.[17]

O Superior Tribunal de Justiça asseverou:

> [...] 3. Os princípios da segurança jurídica e da boa-fé objetiva, bem como a vedação ao comportamento contraditório (*venire contra factum proprium*), impedem que a parte, após praticar ato em determinado sentido, venha a adotar comportamento posterior e contraditório [...].[18]

As relações contratuais impõem que as partes ajam com transparência, deixando em evidência suas expectativas de ganhos, riscos, aspirações de remodelagem, para que reine a probidade, pois soluções atribuídas no escuro podem ser, como diz Shakespeare, em Hamlet, "estrume sobre ervas daninhas".

Probidade consiste na conduta desarmada do contratante, livre de trunfos para surpreender a parte com quem contrata, ou seja:

---

17 SCHREIBER, Anderson. *A proibição do comportamento contraditório.* Rio de Janeiro: Renovar, 2005, p. 83.

18 STJ. Agravo Regimental no Recurso especial. Direito cambiário. Ação declaratória de nulidade de título de crédito. Nota promissória. Assinatura escaneada. Descabimento. Invocação do vício por quem o deu causa. Ofensa ao princípio da boa-fé objetiva. Aplicação da teoria dos atos próprios sintetizada nos brocardos latinos 'tu quoque' e 'venire contra factum proprium. Agravo Regimental no Recurso Especial. AgRg no REsp 1099550/SP. Rel. Ministro Arnaldo Esteves Lima, Quinta Turma, julgado em 02.03.2010. *DJe* 29.03.2010.

> [...] uma causa ou uma fonte de criação de especiais deveres de conduta exigíveis em cada caso, de acordo com a natureza da relação jurídica e com a finalidade perseguida pelas partes através dela. As partes não se devem só aquilo que elas mesma estipularam ou estritamente aquilo que determina o texto legal, mas tudo aquilo que em cada situação impõem a boa-fé.[19]

Assim, sem pretender adentrar aos temas específicos da Teoria da Boa-Fé Objetiva, em especial as quatro hipóteses, a saber: *supressio* (omissão que induz a impressão de que determinada imprecisão no cumprimento de parte das prestações do contrato não teria o condão de repercutir em sua efetividade), *surrectio* (ao contrário da *supressio*, a ação positiva adjacente ao objeto do contrato produziria a impressão de que eventual imprecisão no cumprimento de parte das prestações do contrato não teria o condão de repercutir em sua efetividade), *venire contra factum proprium* (é a conduta puramente contraditória, no âmago da parte da prestação inadimplida, que informa intenção preservacionista do contrato em um primeiro momento e atuação contrária em momento posterior) e *tu quoque* (comportamento subjetivo que estabelece confiança, inclusive na preservação do contrato, mas, em momento de oportunismo, o agente volta-se contra a própria expectativa que criou, pretendendo com isso se desobrigar), há de se esperar e exigir conduta transparente das partes contratantes, mesmo anteriores ao pré-contrato, pois elementos da fase negocial poderão esclarecer pontos obscuros, incompletudes ou até mesmo desmanchar *expertises* maliciosas postas em cláusulas sub-reptícias, ou forjadas sob abuso intolerável de uma parte sobre a outra.

Finalmente, é necessário fazer alusão ao art. 112 do Código Civil, eis que a manifestação de vontade representa o limite do negócio jurídico, contudo, nem sempre a declaração é suficiente, reclamando incursão na intenção, como método residual à interpretação:

> Art. 112. Nas declarações de vontade se atenderá mais à intenção nelas consubstanciada do que ao sentido literal da linguagem.

---

19 PICAZO, Luiz Diéz *apud* AGUIAR JÚNIOR, Ruy Rosado de. *A extinção dos contratos por incumprimento do devedor* – resolução. Rio de Janeiro: Aide, 1991, p. 91.

Por certo, em homenagem à segurança jurídica, a utilização do método de incursão na intenção consubstanciada nas declarações de vontade deve ser parcimoniosa, impedindo subversão aos termos avençados.

7.3 A RAZOABILIDADE E O INTERESSE PÚBLICO

O bom-senso, atributo do gênero humano, tem importância na interpretação dos contratos e na aplicação das leis em suas casuísticas. Ocorre que nem sempre há consenso sobre o bom-senso, o que concita o jurista a encontrar um ponto de equilíbrio para aferir o sentido da razoabilidade, conforme lições de Luiz Carlos Branco, que se utiliza da definição traçada por José Carvalho Filho:

> *Razoabilidade é uma qualidade do que é razoável*, ou seja, aquilo que se situa dentro de limites aceitáveis, ainda que os juízos de valor que provocaram a conduta possam dispor-se de forma um pouco diversa. Ora, o que é totalmente razoável para uns pode não ser para outros. Mas, mesmo quando não o seja, é de reconhecer-se que a valoração se situou dentro dos *standards* de aceitabilidade. Dentro desse quadro, não pode o juiz controlar a conduta do administrador sob mera alegação de que não a atendeu razoável. Não lhe é lícito substituir o juízo de valor do administrador pelo seu próprio, porque isso se coloca o óbice da separação de funções, que rege as atividades estatais. Poderá, isto sim, e até mesmo deverá, controlar os aspectos relativos à legalidade da conduta, ou seja, verificar se estão presentes os requisitos que a lei exige para a validade dos atos administrativos. Esse é o sentido que os Tribunais têm emprestado ao controle.[20] (Grifo nosso).

Quanto ao surgimento do princípio da razoabilidade, preleciona Luiz Carlos Branco:

> [...] surge da necessidade em dar garantia à liberdade individual face aos interesses onipotentes da administração. Esta ideia decorre das teorias jusnaturalistas formuladas na Inglaterra dos séculos XVII e XVIII.[21]

---

[20] BRANCO, Luiz Carlos. *Equidade, proporcionalidade e razoabilidade*: doutrina e jurisprudência. 2. ed. Campinas: Millennium, 2012, p. 97-98.

[21] BRANCO, Luiz Carlos. *Equidade, proporcionalidade e razoabilidade*: doutrina e jurisprudência. 2. ed. Campinas: Millennium, 2012, . p. 99

Os ensinamentos produzidos nas disciplinas do Direito Público tem aplicação na doutrina contratual, pois nenhum direito pode escapar às diretrizes constitucionais, conforme defende o mesmo doutrinador:

> [...] o princípio da razoabilidade é um indicador a ser empregado pelo Poder Judiciário na resolução dos casos em espécie, a fim de permitir uma compatibilidade com os valores da Constituição, bem como de todo o ordenamento jurídico, sempre se pautando pela noção de direito justo, ou justiça.[22]

Verifica-se que o ordenamento jurídico é uno, significando suas distintas matizes em disciplinas coordenadas, voltadas para melhorar a dinâmica em sua aplicação, não se anulando entre si, mas, como em diálogo, estabelecendo elos de aplicação racional, na órbita dos princípios que lhe são afins, como concluiu Luiz Carlos Branco:

> A palavra princípio é equívoca, pois possui diversos sentidos. Ora quer significar a origem de algo; ora, um preceito, uma regra ou uma lei. Neste trabalho, nos atemos ao conceito jurídico de princípio como preceito ou regra.
>
> Na verdade, os princípios são espécies de normas jurídicas, assim como as regras jurídicas apenas possuem uma maior abstração que estas últimas. E, no caso de incidir mais de um princípio, o que geralmente ocorre, todos convivem pacificamente, porém, um sobrepõe-se ao outro, mas não ao ponto de excluí-lo.[23]

Sob a ótica do utilitarismo e da novel Teoria Econômica, o primeiro, tendo como principal precursor Jeremy Bentham, a segunda, Richard Posner, razoabilidade teria finalidade econômica, contudo, os meios de aferição se conflitariam.

A *Teoria Econômica do Direito*, de acordo com Richard Posner, é o mais importante campo interdisciplinar dos estudos jurídicos, definida, também, como análise econômica do Direito. O autor, em sua obra, descreve brevemente a referida teoria a partir do estudo de Jeremy Bentham e Gary Becker, os quais se unem por uma

---

22 BRANCO, Luiz Carlos. *Equidade, proporcionalidade e razoabilidade*: doutrina e jurisprudência. 2. ed. Campinas: Millennium, 2012, p. 99.

23 BRANCO, Luiz Carlos. *Equidade, proporcionalidade e razoabilidade*: doutrina e jurisprudência. 2. ed. Campinas: Millennium, 2012, p. 101.

concepção comum de alcance do modelo econômico do comportamento humano.[24]

Segundo Richard Posner:

> O problema da influência de Jeremy Bentham sobre a teoria econômica do direito é particularmente difícil, ainda que só diga respeito a uma minúscula porção da vasta influência desse autor sobre o pensamento e a prática do direito. Essa dificuldade advém do próprio caráter problemático da determinação de influências, sobretudo quando o intervalo de tempo a ser considerado é grande. A teoria econômica do direito só começou a adquirir uma forma semelhante à atual em algum momento entre 1958 e 1973.[25]

De acordo com Richard Posner, a Teoria Econômica do Direito só teve seu início com o lançamento do *Journal of Law and Economics* (Revista de Direito e Economia), pois antes não era possível afirmar que a Teoria Econômica do Direito existia. Para escolher um marco taxativo do surgimento da teoria, o autor escolhe 1968, por uma razão que se mostra ligada a Jeremy Bentham, ainda que vagamente. Ademais, em 1968, Jeremy Bentham já estava morto há 136 anos.[26]

Ressalta Richard Posner, ao negar a paternidade de Bentham à Teoria Econômica do Direito, que é difícil estabelecer uma relação de causa e efeito entre Jeremy Bentham e um evento que ocorreu quase um século e meio depois de sua morte. Ademais, considera possível que Jeremy Bentham foi inspirador da Teoria Econômica do Direito.[27]

Segundo Richard Posner:

---

24 POSNER, Richard A. *Fronteiras da teoria do direito.* Trad. Evandro Ferreira e Silva, Jefferson Luiz Camargo, Paulo Sales e Pedro Sette Câmara. São Paulo: Martins Fontes, 2011, p. 3.

25 POSNER, Richard A. *Fronteiras da teoria do direito.* Trad. Evandro Ferreira e Silva, Jefferson Luiz Camargo, Paulo Sales e Pedro Sette Câmara. São Paulo: Martins Fontes, 2011, p. 4.

26 POSNER, Richard A. *Fronteiras da teoria do direito.* Trad. Evandro Ferreira e Silva, Jefferson Luiz Camargo, Paulo Sales e Pedro Sette Câmara. São Paulo: Martins Fontes, 2011, p. 4-5.

27 POSNER, Richard A. *Fronteiras da teoria do direito.* Trad. Evandro Ferreira e Silva, Jefferson Luiz Camargo, Paulo Sales e Pedro Sette Câmara. São Paulo: Martins Fontes, 2011, p. 6.

A relação entre economia e direito já é fato conhecido, pelo menos desde a discussão hobbesiana da propriedade, no século XVIII. Tanto David Hume quanto Adam Smith discutiram as funções econômicas do direito. Já na década de 1930, uma série de campos do direito que lidam explicitamente com a concorrência e o monopólio, sobretudo o direito antitruste e a regulamentação das campanhias públicas, era alvo da atenção constante dos principais economistas ingleses e norte americanos.[28]

Ainda, de acordo com Richard Posner, a análise econômica do Direito teria como método a investigação das descrições e das prescrições. As primeiras serviriam para indicar o modelo de comportamento esperado, as segundas para determinar, compulsoriamente, conduta indeclinável:

> A análise econômica do direito possui tanto aspectos positivos (isto é, descritivos) quanto aspectos normativos. Seu objetivo é tentar explicar e prever o comportamento dos grupos que participam do sistema jurídico, além de explicar a estrutura doutrinal, procedimental e institucional do sistema. Mas também busca aperfeiçoar o direito, ao assinalar as consequências involuntárias ou indesejáveis das leis vigentes ou dos projetos de lei e propor reformas práticas.[29]

Uma vez eleito contratualmente determinado aspecto positivo, ou seja, a descrição do objeto ou da conduta, qualquer solução dada a conflitos deverá ser fundamentada nos limites da descrição. Ausente a eleição descritiva, impossibilitando a completa tipificação, há de se buscar na regra, com observância dos princípios que identificarão o direito a incidir na matéria contingente.

Por sua vez, Ronald Dworkin defende o posicionamento de maximização da riqueza social, como norte de encontro da razoabilidade, na perspectiva da análise econômica do Direito, mas se mostra cético em relação ao reconhecimento de sua dignidade:

---

[28] POSNER, Richard A. *Fronteiras da teoria do direito.* Trad. Evandro Ferreira e Silva, Jefferson Luiz Camargo, Paulo Sales e Pedro Sette Câmara. São Paulo: Martins Fontes, 2011, p. 6.

[29] POSNER, Richard A. *Fronteiras da teoria do direito.* Trad. Evandro Ferreira e Silva, Jefferson Luiz Camargo, Paulo Sales e Pedro Sette Câmara. São Paulo: Martins Fontes, 2011, p. 8.

A análise econômica do direito sustenta, em seu aspecto normativo, que a maximização da riqueza social é um objetivo digno, de modo que as decisões judiciais deveriam tentar maximizar a riqueza social atribuindo, por exemplo, direitos aos que comprariam, não fossem os custos da transação. Mas não está claro por que a riqueza social é um objetivo digno.[30]

De acordo com Ronald Dworkin,[31] há um risco de que o argumento de Richard Posner se torne circular. Segundo ele, na "análise econômica do Direito, os direitos devem ser atribuídos instrumentalmente, de tal maneira que a atribuição de direitos promova a maximização da riqueza". Complementando seu entendimento, diz:

> Posner tampouco limita o alcance desse argumento – de que as atribuições de direitos devem ser feitas instrumentalmente – ao que poderiam ser chamados de direitos menos importantes, como direito à proibição de um ato nocivo ou à reparação de danos por negligência. [...]. Ele considera uma importante virtude da maximização da riqueza o fato de que ela explica por que as pessoas têm esses direitos. Mas se a maximização da riqueza deve ser apenas um valor instrumental – e essa hipótese que está sendo considerada agora –, então deve haver alguma afirmação moral independente a favor dos direitos que a maximização da riqueza recomenda.[32]

A assertiva *razoavelmente* jamais pode ferir as expectativas criadas no momento em que foi firmada a Opção, devendo ser examinado o contexto econômico, na perspectiva do momento daquela contratação e na aferição da maximização da riqueza social, fomentada, seguramente, segundo nosso entendimento, pela *performance* segura dos contratos, de modo que cada vez mais alcancem as expectativas existentes no momento de sua celebração.

---

[30] POSNER, Richard A. *Fronteiras da teoria do direito.* Trad. Evandro Ferreira e Silva, Jefferson Luiz Camargo, Paulo Sales e Pedro Sette Câmara. São Paulo: Martins Fontes, 2011, p. 356.

[31] DWORKIN, Ronald. *Uma questão de princípio*. 2. ed. Trad. Luís Borges. São Paulo: Martins Fontes, 2005, p. 374.

[32] DWORKIN, Ronald. *Uma questão de princípio*. 2. ed. Trad. Luís Borges. São Paulo: Martins Fontes, 2005, p. 374-375.

7.4 IMPOSITIVA REFORMA DO ARTIGO 466 DO CÓDIGO CIVIL

As lacunas produzidas pelo texto do Código Civil merecem atenção e reparo legiferante.

Após enfrentamento do tema, percebeu-se a necessidade de se propor aprimoramento do texto normativo afeto à Opção, de modo que se torne mais adequado à essência do tipo contratual.

O texto legal ficaria bem melhor se assim fosse redigido:

> Art. 466. Opção é o contrato preliminar pelo qual o proponente outorga a favor do oblato o direito potestativo de firmar ou não determinado contrato em prazo e por preço fixados pelas partes.
>
> § 1°. Poderá o proponente, na formação do contrato de opção, receber prêmio pela outorga de referido direito potestativo, que terá caráter indenizatório pela imobilização da coisa ou pelo tempo de comprometimento e retenção para negociar com terceiros o objeto contemplado no contrato definitivo.
>
> § 2°. O oblato deverá exercer seu direito de firmar o contrato definitivo através de ato especialmente elaborado para este fim, dirigida ao proponente por via eficiente para produzir seus efeitos, quando não for indicada a via de manifestação no instrumento da opção.

A alteração legal deixaria claro o caráter preliminar e unilateral da Opção, além de concatenar todos os elementos dispersos, tanto na própria lei, como outros definidos doutrinariamente, em um único dispositivo, dando-lhe melhor *performance* estrutural e segurança em seu manejo.

Não precisaria ser dito que, após o prazo fixado no contrato preliminar, o oblato não exercendo o direito de firmar o contrato definitivo, o proponente ficaria completamente liberado da obrigação.

8

O CARÁTER ALEATÓRIO DA OPÇÃO E SUA IMPLICAÇÃO PARA APLICAÇÃO DAS SOLUÇÕES PROPOSTAS

Por natureza, a Opção é aleatória, pois soubesse o proponente ou o oblato as contingências futuras ou circunstâncias que refletiriam na decisão de contratar ou não, sua existência passaria a ter pouco ou nenhum sentido. O tempo produz efeitos que, de um lado, o proponente deverá compensar-se pelo prêmio recebido, acaso o oblato exerça seu direito de firmar o contrato definitivo, por outro lado, o oblato paga o prêmio exatamente para obter o direito de decidir no futuro. Acaso o oblato não exerça o direito de contratar, perde o prêmio. A álea está exatamente nos elementos que vão determinar a conduta do oblato, credor da opção.

Existe abordagem teórica sobre o domínio da dicção "álea", merecendo transcrição, o texto de Raquel Sztajn, citando Vicenzo Roppo:

> [...] 'álea' significa 'sorte' (perfil objetivo), mas também significa 'risco' (perfil subjetivo). Neste sentido, os contratos aleatórios são aqueles nos quais a prestação depende de fatos incertos ou desconhecidos das partes e, portanto, definitivamente, da própria sorte, ou, ainda, aqueles em relação os quais os contraentes assumem o risco de ver sua prestação agigantada ou, mesmo, reduzida a zero, por sua iniciativa e sob sua responsabilidade. Completa afirmando

> que o risco que torna o contrato aleatório consiste em um 'risco econômico-jurídico, inerente a prestação'. Assim, não se trata de risco puramente econômico, relativo ao custo da prestação devida ou ao valor ou utilidade da mesma prestação.[1]

Conclui Raquel Sztajn que a sorte ou revés não dependerão do incremento real, sendo compulsória a prestação mesmo na inexistência superveniente do objeto:

> Nos contratos aleatórios as partes deixam à sorte a existência e a consistência do objeto da prestação, como é típico do caso da venda de safras futuras, em relação à qual o risco recai sobre o adquirente, responsável pelo pagamento do preço, mesmo diante da inexistência superveniente do objeto do negócio.[2]

No contexto de inexistência superveniente do objeto, deve ser aplicado o § 1º do art. 461, do Código de Processo Civil.[3]

A característica mais importante dos contratos aleatórios é que "a caracterização de completo desequilíbrio das prestações"[4] não acarreta o estado de onerosidade excessiva da parte que sofre o dano e que somente na falta da possibilidade do objeto ou de sua inexistência superveniente que se convolará em direito a perdas e danos para o credor.

8.1 O CONTRATO ALEATÓRIO

Conforme doutrina de Caio Mário da Silva Pereira, são aleatórios os contratos em que a prestação de uma das partes não é precisamente

---

1 ROPPO, Vicenzo *apud* SZTAJN, Raquel. Direito e economia dos contratos. Os conceitos fundamentais. *In*: VERÇOSA, Haroldo Malheiros Duclerc. *Curso de direito comercial*. Fundamentos da teoria geral dos contratos. São Paulo: Malheiros, 2011, v. 4, t. I, p. 490.

2 SZTAJN, Raquel. Direito e economia dos contratos. Os conceitos fundamentais. *In*: VERÇOSA, Haroldo Malheiros Duclerc. *Curso de direito comercial*. Fundamentos da teoria geral dos contratos. São Paulo: Malheiros, 2011, v. 4, t. I, p. 493.

3 Art. 461. [...] § 1º A obrigação somente se converterá em perdas e danos se o autor o requerer ou se impossível a tutela específica ou a obtenção do resultado prático correspondente.

4 SZTAJN, Raquel. Direito e economia dos contratos. Os conceitos fundamentais. *In*: VERÇOSA, Haroldo Malheiros Duclerc. *Curso de direito comercial*. Fundamentos da teoria geral dos contratos. São Paulo: Malheiros, 2011, v. 4, t. I, 2011, p. 493.

conhecida, ficando dependente de um acontecimento futuro e incerto, em que basta existir risco para apenas uma das partes contratantes para ser considerado aleatório.[5] Na opção de compra, o risco é elemento essencial do contrato, sendo que no momento da avença as partes devem travar os elementos essenciais, principalmente o prazo de exercício e o preço, o que ocorreu, viabilizando a relação jurídica.

8.2 A ÁLEA NEGOCIADA NO CONTRATO DE OPÇÃO

A álea negociada na Opção diz respeito ao conteúdo econômico do objeto contratual definitivo. O proponente, ao firmar o Contrato Preliminar, sujeita-se ao aumento ou à diminuição do conteúdo econômico do bem ou serviço relativo ao contrato definitivo.

É importante dar exemplos: imagine-se que determinada pessoa firme contrato de opção de compra de um imóvel rural, como proponente, ao preço equivalente a tantos sacos de soja (ou qualquer parâmetro) por hectare. Suponha-se que, no prazo fixado no contrato, o imóvel tenha obtido valorização vultosa, em razão de urbanização. O oblato poderá compelir o proponente a firmar o contrato definitivo, independentemente do conteúdo econômico da venda. Bastará que pague o preço de exercício (ou o ofereça na ação judicial) para que se consuma o direito de firmar o contrato definitivo, mesmo que o preço do parâmetro também sofra desvalorização. O exemplo ficaria menos complexo caso não se utilizasse o preço de exercício travado em parâmetros de mercado, mas a sofisticação objetivou apenas ressaltar que o valor do contrato está exatamente na sua álea, que se mostra no conteúdo econômico das prestações, podendo sofrer desequilíbrios significativos na celebração do negócio definitivo. Pode ocorrer, também, na Opção de Venda, pela qual o proponente oferece comprar determinado imóvel rural pelo preço de tantas arrobas de boi, contudo, o preço do imóvel cai expressivamente, assim como aumenta o preço da arroba do boi. O oblato poderá compelir o proponente a comprar a propriedade, independentemente de tal desvalorização imobiliária.

---

5 PEREIRA,Caio Mário da Silva. *Instituições de direito civil.* Rio de Janeiro: Forense, 2006, p. 69

8.2.1 A Put Option firmada entre Petrobras e Astra Oil na avença de Pasadena

A *Put Option* ganhou destacado espaço na mídia em razão da assimetria entre o preço pago pela Petrobras e o real valor econômico da companhia de Pasadena, cujas ações lhe foram vendidas pela Astra Oil.

A Petrobras foi obrigada a comprar as ações de Pasadena, tendo a vendedora Astra Oil, segundo noticiado amplamente pela imprensa, obtido vitória na Justiça do Estado norte-americano do Texas, nas Cortes Superiores norte-americanas e na Câmara Internacional de Arbitragem de Nova Iorque. O foco da irresignação pública foi o preço pago que, indiscutivelmente, não guardava equivalência econômica com o valor patrimonial da companhia. É importante lembrar que o preço da venda foi determinado pela *Put Option*, denominando-se preço de exercício ou *strike price*. Trata-se de preço fixo preestabelecido em contrato preliminar, para o contrato definitivo, na eventualidade de este ser firmado. A vendedora Astra Oil, titular do direito potestativo que emergia da *Put Option*, exerceu a faculdade de vender pelo preço fixado no contrato.

Se o preço estipulado foi justo, correto, viável, bem pensado, bem combinado, nada disso interessa aqui. A *Put Option* é espécie do gênero Contrato de Opção, cuja qualificação jurídica se alicerça na unilateralidade, que consiste em apenas uma das partes ter obrigação, enquanto a outra o direito de exercer a faculdade de contratar. É a *Put Option* contrato preliminar, disposto no art. 466 do Código Civil, daí por que ter por objeto outro contrato. No caso de Pasadena, o objeto seria a venda das ações pertencentes à Astra Oil, cuja promessa unilateral irregovável de comprar outorgada pela Petrobras àquela fez parte da avença anteriormente firmada.

A opção de venda não é cláusula contratual, apesar de se mostrar como tal nos instrumentos negociais. A opção é autêntico contrato (no caso da Petrobras, dentro de outro contrato) que reclama máxima atenção, pois sua força coativa é autônoma, não se tratando de pacto acessório.

O preço pago pela Petrobras pelas ações teria sido algumas vezes maior do que o valor delas, projetado no acervo da companhia de Pasadena, o que não representa circunstância relevante, uma vez que a *Put Option* é, por excelência, aleatória. Contrato aleatório é aquele cujas prestações não guardam, necessariamente, equivalência econômica, como ocorre com os comutativos.

No contexto dos entendimentos negociais, deve ter parecido à equipe da Petrobras que a *Put Option*, mesmo que exercida, não representaria desproporção considerável entre o preço de exercício e o valor patrimonial-venal das ações. Infelizmente, parece ter ocorrido esta disparidade, sem, contudo, ter importância jurídica, mas meramente econômica. O cerne da questão é exatamente saber se a consultoria jurídica da Petrobras esclareceu aos executivos e ao Conselho de Administração sobre os aspectos da álea intrínseca da opção de venda e se houve adequada avaliação econômica.

A detentora do direito potestativo de vender, no caso a Astra Oil, exerceu a *Put Option* e levou a discussão sobre sua força coativa às elevadas cortes norte-americanas, obrigando a Petrobras a comprar.

É difícil avaliar qual teria sido o motivo da inserção da *Put Option* no rol do negócio de Pasadena, mas, provavelmente, deve ter sido como "porta de saída", ou seja, dispositivo que permite ao acionista ou sócio dissidente sua saída da sociedade, com realização do valor de sua participação por meio de um preço previamente combinado, o chamado preço de exercício. Nos contratos societários, é muito comum a utilização de opções, sejam elas de compra ou de venda. A *stock option* é instrumento que permite a compra de ações por sócios ou mesmo por empregados a preços módicos. Os planos de *stock options* são utilizados por companhias como incentivos positivos para induzir a permanência de empregados, executivos e sócios na empresa, melhorar a produção e a *performance* individuais.

Vários aspectos teóricos são importantes na abordagem do Contrato de Opção, como o prêmio, o prazo razoável de exercício mencionado no art. 466 do Código Civil, a possibilidade de ter por objeto qualquer contrato e não somente a compra e venda, a insuscetibilidade às revisões de preço e prazo, enfim, trata-se de um contrato importante e tecnicamente complexo, capaz de produzir sérias consequências, desejáveis e indesejáveis. Com a Petrobras, parece ter ocorrido o efeito indesejável, mas juridicamente hábil e invencível pelos argumentos de irresignação econômica. Melhor teria sido se o assunto fosse mais amplamente discutido, antes de sua celebração.

8.3 POSSIBILIDADE (OU NÃO) DA REVISÃO DO CONTRATO DE OPÇÃO

Fosse a Opção apenas um contrato preliminar unilateral, poderia experimentar a incidência da revisão contratual. Ocorre que a Opção também é aleatória, consistindo a álea cerne do contrato, o que lhe blinda da incidência do art. 480, do Código Civil.

A solução é dada pelo Direito italiano, no Código peninsular, conforme transcrição dos arts. 1.468 e 1.469, destacada por Luiz Gastão Leães:

> Art. 1468. Contrato com obrigações de uma só parte. Nas hipóteses previstas no artigo precedente, se se trata de um contrato no qual apenas uma das partes assumiu obrigações, esta pode pedir a redução de sua prestação ou então uma modificação no modo de execução, suficiente para reconduzi-la a equidade.
>
> Art. 1469. Contrato aleatório. As normas dos artigos precedentes não se aplicam aos contratos aleatórios por natureza ou por vontade das partes.
>
> Os dispositivos correspondentes do Código Civil brasileiro são praticamente idênticos aos do Código italiano, exceção feita ao último artigo, que não tem correspondente.[6]

Assim, apesar da lacuna do ordenamento brasileiro, pela natureza da Opção, cuja álea lhe é intrínseca, não há que se cogitar incidência de normas revisionistas.

É possível firmar contrato de Opção, cujo contrato principal é uma compra e venda sob a modalidade de *emptio spei*[7] ou da *emptio rei sperate.*[8]

Vale a pena dar dois exemplos de Opção sobre objeto incerto:

a) O proponente, pescador, recebendo o prêmio de R$ x, oferece ao oblato (comerciante de peixes) o direito de firmar ou não o contrato

---

6 LEÃES, Luiz Gastão Paes de Barros; WALD, Arnoldo (Coord.). A onerosidade excessiva no Código Civil. Doutrinas especiais. *Revista dos Tribunais* – 100 anos. São Paulo: Revista dos Tribunais, 2011, v. IV, p. 166.

7 Risco é na *quantidade*, então se não vier nada, ou se nada for produzido, o preço não será devido – art. 459 do CC/2002.

8 O comprador assume o risco da *existência* – o preço é devido, mesmo que nada se apure do evento no qual se insere a álea – art. 458 do CC/2002.

de compra e venda de sua pesca, pelo preço de R$ x, a ser exercido até a entrada do barco pescador na enseada, em regime de *emptio spei*. Se o proponente (pescador) adivinhar que o oblato[9] (comerciante) vai exercer seu direito de comprar, poderá se esforçar menos, pois pouco importará se vier muito ou pouco peixe. Contudo, como não sabe, procurará agir dentro de um nível ótimo, considerando que, não exercido o direito de comprar pelo oblato, terá ele, proponente, que vender o produto de seu trabalho para outros. A compra não está feita, no momento em que firmaram a Opção, mas sim o direito de contratar pelo regime de *emptio spei*. O preço de exercício somente será exigido se vier alguma coisa.

b) Em caso da Opção firmada para contratar sob o regime de *emptio rei sperate,* se não vier peixe algum (adotando o exemplo do pescador), ainda assim, caso o oblato exerça seu direito de contratar, terá que pagar o preço de exercício. Em síntese, se for contratada a Opção para o exercício do direito de contratar sob o regime *emptio rei sperate,* uma vez exercido o direito de comprar, o oblato terá que pagar o preço de exercício.

8.4 OPÇÃO SEM PRÊMIO – RENÚNCIA DO PROPONENTE A SE COMPENSAR OU SE INDENIZAR PELA ÁLEA

Não há qualquer previsão legal que condicione a validade da Opção à existência do prêmio..

Muitas vezes, é do interesse do proponente firmar negócios coligados, como arrendamentos e parcerias, ou mesmo utilizar da Opção como um incentivo positivo.

---

9 Oblato – sem tradução precisa para o inglês – é aquele que recebe a proposta, podendo aceitá-la ou não. Nelson Rosenvald assim descreve a posição das partes na fase de formação do contrato: "Em verdade, visando à proteção da segurança das relações negociais, o legislador diz que o proponente se encontra em situação de sujeição, posto que executará precisamente os termos da proposta caso o oblato exerça o direito potestativo da aceitação, submetendo aquele à concretização do conteúdo integral da proposta." (ROSENVALD, Nelson; PELUSO, Cezar (Coord.). *Código Civil comentado*: doutrina e jurisprudência. Lei n. 10.406, de 10.01.2002: contém o Código Civil de 1916. 3. ed. Barueri, SP: Manole, 2009, p. 465).

Os planos de *stock options* são utilizados por companhias como incentivos positivos para induzir a permanência do empregado na empresa ou melhorar a produção.

A professora Dinorá Fernandes registrou a tendência de se utilizar a opção de compra de ações como incentivo:

> A frequência com que as companhias utilizam os *stock options plans* nas relações com seus empregados como contraprestação ou incentivo para a produção, facultando-lhes se tornarem acionistas no empreendimento, por si só demonstra a relevância de se pesquisar e definir a natureza de tais planos em decorrência da sua estreita proximidade com verbas de natureza trabalhista.[10]

Para o empregado ou beneficiário da opção de compra, não haverá nenhuma exigência de pagamento de prêmio,[11] objetivando o plano, de modo geral, reter o colaborador na companhia, tanto que é comum se exigir tempo de permanência como critério para aferir o prazo de exercício, ou induzir melhor *performance* produtiva, principalmente dos executivos, não se tratando de remuneração, pois o risco afasta completamente a modalidade de incentivo como forma de remuneração.

Dinorá Fernandes[12] ilustrou seu artigo com diversos acórdãos que afastam a natureza salarial dos *stock options plans*, exatamente em função dos riscos inerentes à operação. Nem mesmo o deságio poderia ser entendido como salário indireto.

---

10 FERNANDES, Dinorá Carla de Oliveira Rocha. Opção de compra de ações como mecanismo de remuneração estratégica e suas repercussões nos benefícios previdenciários. *In*: FERNANDES, Jean Carlos; NASSIF, Gustavo Costa (Coord.). *Tópicos especiais de direito público e privado.* Rio de Janeiro: Lumen Juris, 2011, p. 50.

11 FERNANDES, Dinorá Carla de Oliveira Rocha. Opção de compra de ações como mecanismo de remuneração estratégica e suas repercussões nos benefícios previdenciários. *In*: FERNANDES, Jean Carlos; NASSIF, Gustavo Costa (Coord.). *Tópicos especiais de direito público e privado.* Rio de Janeiro: Lumen Juris, 2011, p. 63.

12 FERNANDES, Dinorá Carla de Oliveira Rocha. Opção de compra de ações como mecanismo de remuneração estratégica e suas repercussões nos benefícios previdenciários. *In*: FERNANDES, Jean Carlos; NASSIF, Gustavo Costa (Coord.). *Tópicos especiais de direito público e privado.* Rio de Janeiro: Lumen Juris, 2011, p. 59-61.

Conclui-se, assim, que o prêmio não é elemento indispensável à Opção, pois o proponente pode renunciar a ele, sem prejuízo da formação e da validade do contrato.

8.5 OPÇÃO SEM PRAZO DETERMINADO PARA QUE O OBLATO EXERÇA O DIREITO DE FIRMAR O CONTRATO DEFINITIVO

O prazo de exercício da Opção deve ser determinável. Com base na análise utilitarista será possível averiguar qual seria o tempo razoável, no caso concreto, levando-se em consideração, principalmente, a necessidade de preservar as expectativas contratadas.

O tempo, o passado, o futuro e o presente, como diz Joaquim Maria Machado de Assis, "no presente – sempre escuro –, vive a alma ambiciosa, na ilusão voluptuosa, do passado e do futuro".[13] Onde encontrar, no presente, espaço para as certezas? A questão levantada por Boaventura Santos,[14] quanto à abundância de ações e escassez de previsões, dá ao Contrato de Opção – cujo objetivo é exatamente remediar patologias do tempo – perfil eficiente, capaz de garantir palanque seguro contra incertezas e contingências insuscetíveis de mensuração.

A Opção representa para o meio econômico, principalmente para atividades de risco inerente, "uma maneira de ajustar o corpo a imperativos temporais", conforme diz Michel Foucalt, ao sugerir uma adequação na marcha, para firmar sincronismo e lhe dar controle.

> Devido a um desequilíbrio, criado pela ciência moderna, entre a capacidade de acção, que é cada vez maior, e a capacidade de previsão, que é cada vez menor, o futuro é hoje para nós, ao contrário do que foi para Marx, simultaneamente mais próximo e mais imperscrutável. Nunca esteve tanto nas nossas mãos, mas as nossas mãos nunca foram tão ignorantes sobre se afagam uma pomba ou uma bomba.[15]

---

13 MACHADO DE ASSIS, Joaquim Maria. Os dois horizontes. *In: Crisálidas.* Rio de Janeiro: Nova Aguilar, 1994, v. III.

14 SANTOS, Boaventura de Sousa. *Pela mão de Alice*: o social e o político na pós-modernidade. 13 ed. São Paulo: Cortez, 2010, p. 43.

15 FOUCAULT, Michel. *Vigiar e punir:* nascimento da prisão. Trad. Raquel Ramalhete. 39. ed. Petrópolis, RJ: Vozes, 2011, p. 146

As incompletudes não solucionadas pela cooperação podem ser objeto de intervenção judicial, sendo importante ressaltar que a preservação é a regra e a resolução medida extrema.

Trataremos aqui de dois aspectos: o da revisão e o da resolução. Em ambos os casos, a boa-fé objetiva[16] funcionará como norte, seja por meio do exame sob a ótica do *venire contra factum proprium,*[17] *exceptio non adimpleti contractus,*[18], *tu quoque,*[19] *supressio,*[20] *e do surrectio*[21] ou da regra que veda o enriquecimento sem causa, conforme positivado no art. 884, do Código Civil, permeados entre os princípios da boa-fé e da probidade, além da função social, insculpidos nos arts. 421 e 422 do Código Civil.

O ordenamento jurídico brasileiro contemplou bastante a possibilidade de revisão de contratos, chegando a incluir tal direito como básico do consumidor,[22] em detrimento da *pacta sunt servanda*.

O Código Civil de 2002 procurou disciplinar a matéria relacionada à imprevisão e à onerosidade excessiva em três dispositivos que merecem leitura reservada, a começar pelo art. 478, que prevê a resolução como solução ao interesse do autor, tratado como devedor,

---

16 Enunciado editado pela Nova Jornada de Direito Civil do Conselho da Justiça Federal: "Art. 187. As diversas hipóteses de exercício inadmissível de uma situação jurídica subjetiva, tais como *supressio, tu quoque, surrectio* e *venire contra factum proprium*, são concreções da boa-fé objetiva." (CORDEIRO, António Manuel da Rocha e Menezes. *Da boa-fé no direito civil.* 2. reimp. Coimbra: Almedina, 2001, p. 797).

17 Regra que proíbe condutas contraditórias.

18 A parte somente poderá exigir o cumprimento da prestação da outra parte, depois de honrar a sua.

19 Condutas intencionalmente ambíguas que se destinam a produzir o erro na parte contrária, em ambiente de falsa apresentação da realidade contratual.

20 Não exercer um direito que emerge do contrato, fazendo a outra parte ter a impressão de que estaria havendo renúncia ou interesse na persistência do contrato, apesar da falha de um contratante consentida pelo silêncio do outro.

21 Atos praticados por uma parte que dão a entender à outra que a falha contratual estaria sendo desprezível para implicar em alguma sanção ou reprimenda.

22 Código de Defesa do Consumidor: Art. 6º São direitos básicos do consumidor: V – a modificação das cláusulas contratuais que estabeleçam prestações desproporcionais ou sua revisão em razão de fatos supervenientes que as tornem excessivamente onerosas.

não sendo a este franqueada a possibilidade de obter a revisão, rumo ao equilíbrio das prestações. O texto da lei em questão é claro: "Nos contratos de execução continuada ou diferida, se a prestação de uma das partes se tornar excessivamente onerosa, com extrema vantagem para a outra, em virtude de acontecimentos extraordinários e imprevisíveis, poderá o devedor pedir a resolução do contrato. Os efeitos da sentença que a decretar retroagirão à data da citação". Somente ao réu é dado pedir a revisão, para preservar o contrato, conforme se vê do art. 479: "a resolução poderá ser evitada, oferecendo-se o réu a modificar equitativamente as condições do contrato". Esse é um erro grave, que a doutrina deverá cuidar de corrigir nas linhas teóricas e reclamar atenção dos aplicadores do Direito, sobretudo pela aplicação supletiva do art. 317, do mesmo diploma.

O mais grave é o que está no art. 480, do Código Civil, ao permitir revisão em contratos unilaterais, de forma genérica, conforme a seguinte redação: "Se no contrato as obrigações couberem a apenas uma das partes, poderá ela pleitear que a sua prestação seja reduzida, ou alterando o modo de executá-la, a fim de evitar a onerosidade excessiva". Ora, isso implica em vilipêndio do equilíbrio, pois a parte que já encerrou sua obrigação, cumprindo-a integralmente, tem a justa expectativa de aguardar pelo adimplemento, na forma avençada. Não há condição mínima para buscar equilibrar o que já está consumado, com a conclusão da prestação de uma das partes. No esforço de dar vida útil a tal dispositivo, entende-se que em alguns tipos de contratos unilaterais, como os de locação e o de empreitada, em que o elemento surpresa não faça parte do tipo contratual, há de se admitir revisão, mas com cautela máxima capaz de não sacrificar as expectativas contratadas, aliadas aos riscos normais. Temos que distinguir o risco contratado como objeto do risco admitido como evento adjacente. Todo contrato em que o risco é objeto do contrato, não há que se cogitar revisão, não incidindo a regra do art. 317, do Código Civil.

A Teoria da Imprevisão, antes mesmo da entrada em vigor do Código Civil de 2002, já tinha ampla aplicação, conforme doutrina a seguir é transcrita:

> De fato, após algumas hesitações onde predominam arestos em sentido contrário, parece ter se firmado orientação no sentido de se permitir a

rescisão dos contratos, em virtude da excessiva onerosidade das prestações, oriunda de acontecimentos extraordinários e supervenientes, imprevisíveis por ocasião do negócio.

O primeiro caso vitorioso no Supremo Tribunal Federal ilustra bem a figura em estudo e revela, de maneira nítida, o calor da controvérsia, àquele tempo.

Certa firma brasileira prometeu comprar de empresa Belga, durante os anos de 1930 a 1933, vultosa quantidade de porcas e parafusos, num montante de três milhões e duzentos mil francos. Os fornecimentos haviam de ser pagos em moeda estrangeira, devida ainda a comissão ao intermediário. Advindo a Revolução de 1930, que transformou fundamentalmente as condições do negócio, não só pela alta do câmbio, como pelas restrições ocorridas no mercado interno, pleiteou a compradora a rescisão do contrato, com base na cláusula rebus sic stantibus.

Acolhida a pretensão pela sentença de primeira instância, foi a decisão cassada em apelação, para ser novamente restabelecida em embargos, recebidos estes pelas Câmaras Conjuntas do Tribunal do Distrito Federal.[23]

O Supremo Tribunal, desprezando o recurso extraordinário, entendeu que a tese esposada pelo aresto recorrido (onde havia expressa admissão da cláusula *rebus sic stantibus*) não colidia com a lei federal[24]

Outros numerosos casos de admissão da teoria em estudo podem ser conferidos na jurisprudência citada por Washington de Barros Monteiro e por Paulo Carneiro Maia.[25]

Assim, vê-se como tem evoluído o contrato, talvez no sentido de se sacrificar a amplitude de seus princípios básicos em favor das restrições que almejam fazê-lo mais justo e mais humano.[26]

---

23 Ver *Revista dos Tribunais*, v. 121, p. 703.

24 Ver *Arquivo Judiciário*, v. 39, p. 178.

25 Jurisprudência *apud* MONTEIRO, Washington de Barros. *Código de defesa do consumidor*, p. 22, nota 19; MAIA, Paulo Carneiro, p. 242, nota 381. Art. 6º São direitos básicos do consumidor: V – a modificação das cláusulas contratuais que estabeleçam prestações desproporcionais ou sua revisão em razão de fatos supervenientes que as tornem excessivamente onerosas; (MONTEIRO, Washington de Barros. *Curso de direito civil.* Direito das obrigações. São Paulo: Saraiva, 2011).

26 RODRIGUES, Silvio. *Direito civil.* Dos contratos e das declarações unilaterais de vontade. 26. ed. São Paulo: Saraiva. 1999, v. 3, p. 25.

Segundo esta concepção não é mister que a prestação se torne impossível para que o devedor se libere do liame contratual. Basta que, através de fatos extraordinários e imprevisíveis, ela se torne excessivamente onerosa para uma das partes. Isso ocorrendo, pode o prejudicado pedir a rescisão do negócio.[27]

A cláusula *rebus sic stantibus*, elaborada pelos pós-glosadores, esposa a idéia de que todos os contratos dependentes de estações futuras incluíam cláusula tácita de resolução, se as condições vigentes se alterassem profundamente. *Contractus Qui habent tractum sucessivum et dependentiam de futuro, rebus sic stantibus intellinguntur.*

Tal ideia se inspirava em princípio de equidade, pois se o futuro trouxesse um agravamento excessivo da prestação de uma das partes, estabelecendo profunda desproporção com a prestação da outra parte, seria injusto manter-se a convenção, pois haveria o indevido enriquecimento daquele, com o injustificado empobrecimento deste.[28]

Portanto, quando acontecimentos extraordinários determinam radical alteração no estado de fato contemporâneo à celebração do contrato, acarretando consequências imprevisíveis, das quais decorre excessiva onerosidade no cumprimento da obrigação, o vínculo contratual pode ser resolvido ou, a requerimento do prejudicado, o juiz altera o conteúdo do contrato, restaurando o equilíbrio desfeito. Em síntese apertada: ocorrendo anormalidade da álea que todo contrato dependente do futuro encerra, pode-se operar sua resolução ou a redução das prestações.

Na fundamentação da retratabilidade, por força da chamada imprevisão, dissentem os escritores. Explicam-na alguns, esclarecendo que a alteração do estado de fato faz desaparecer a vontade contratual, por isso que emitida em atenção às circunstâncias existentes no momento da formação do contrato e às que poderiam ser previstas. Se pudessem as partes prever os acontecimentos que provocaram a alteração fundamental da circunstância, outra seria a declaração de vontade.[29]

---

27 RODRIGUES, Silvio. *Direito civil.* Dos contratos e das declarações unilaterais de vontade. 26. ed. São Paulo: Saraiva. 1999, v. 3, p. 22.

28 RODRIGUES, Silvio. *Direito civil.* Dos contratos e das declarações unilaterais de vontade. 26. ed. São Paulo: Saraiva. 1999, v. 3, p. 22

29 GOMES, Orlando. *Contratos.* 26. ed. Rio de Janeiro: Forense, 2007, p. 48.

A Teoria da Imprevisão, se não for muito bem aplicada, pode servir de veículo eficiente para manobras oportunistas, portanto, deve ser manejada com cautela e com olhos no enfoque das legítimas e reais expectativas das partes, diante de um ambiente econômico dinâmico, cujas vicissitudes não podem servir de pretexto para enriquecimento ilícito ou correções de estratégias equivocadas, pois o risco inerente ao negócio não pode ser transferido para a outra parte, assim como não se pode aquinhoar a parte que eventualmente se beneficia com algum evento econômico.

Nos eventos de resolução contratual, sob a modalidade de resilição unilateral, o Código Civil admite a incursão judicial para aferição do momento em que a denúncia produz seus efeitos, conforme abaixo se transcreve:

> Art. 473. A resilição unilateral, nos casos em que a lei expressa ou implicitamente o permita, opera mediante denúncia notificada à outra parte.
>
> Parágrafo único. Se, porém, dada a natureza do contrato, uma das partes houver feito investimentos consideráveis para a sua execução, a denúncia unilateral só produzirá efeito depois de transcorrido prazo compatível com a natureza e o vulto dos investimentos.

Não há dúvida que na Opção o risco de perder, ser lesado e sofrer prejuízo é negociado, como parte do contrato, daí não ser acudido o contratante desfavorecido com as regras de revisão contratual. O inadimplemento – se por fato invencível ou impraticabilidade intercorrente – acarretará a convolação em perdas e danos, considerando o conteúdo econômico da prestação inadimplida, no momento do exercício do direito potestativo.

9

CONCLUSÃO

As dificuldades encontradas na abordagem do Contrato de Opção devem-se principalmente aos espaços vazios deixados pelo legislador, ao redigir o texto do art. 466, do Código Civil, sem dotá-lo de inteligibilidade compactada no próprio dispositivo, entregando ao jurista a incumbência de montá-lo ao longo do texto legal. É comum atribuir-se ao Contrato de Opção o caráter de mera proposta, ou mesmo lhe posicionar como elemento da fase negocial. Tudo isso foi exorcizado nas páginas anteriores, que demonstram tratar a Opção de verdadeiro contrato, de natureza preliminar, uma vez ter em seu foco o contrato definitivo, que poderá ou não ser firmado no futuro. É também aleatório, pois o conteúdo obrigacional dependerá unicamente da decisão do oblato, credor do contrato, assim como unilateral, por concentrar obrigação exclusivamente ao proponente.

Como visto, o texto legal merece adaptações para melhor tipificar o Contrato de Opção, tornando-o compacto e abrangente, como lhe convém, para atender às expectativas de *performance*.

A incompletude, como dito neste trabalho, é da essência da Opção, não só pelo vazio da positivação do texto legal brasileiro atual, mas pela álea intrínseca que motiva sua formação. É comum que o oblato necessite de prazo para decidir ou reunir condições para firmar o contrato definitivo, contudo, até que decida, as externalidades econômicas não poderão justificar uma desobrigação do proponente. Assim, hão de se preservar o objeto pactuado e seus efeitos inerentes, sendo a solução resolutória a última, depois de esgotados todos os meios de aproveitamento do contrato, lembrando que o proponente se encontrará completamente vinculado por todo o prazo fixado na Opção.

É bom salientar que o oblato não tem obrigação alguma: poderá firmar ou não o contrato definitivo.

A incompletude econômica é essencial à Opção, enquanto a incompletude acidental notada no texto do art. 466, do Código Civil, poderia ser resolvida por meio de nova redação. Aliás, o legislador também provocou uma incompletude, ao admitir que o exercício do direito de firmar o contrato definitivo pudesse ocorrer em prazo razoável. A nosso ver, esta última incompletude é nociva à *performance* adequada da Opção, devendo ser suprimida do texto. Enquanto persistirem tais incompletudes forjadas pelo legislador, a solução deverá ser dada à luz das legítimas expectativas, cuja fase negocial – que antecede ao pré-contrato – deve ser investigada, assim como os cenários econômicos anteriores e posteriores ao contrato preliminar. Os arts. 421 e 422 do Código Civil, o primeiro ao contemplar a função social, o segundo a boa-fé e a probidade, têm especial importância nas soluções das incompletudes diagnosticadas nos Contratos de Opção, como também o princípio da segurança jurídica. O foco de justiça a ser pugnada nos enfrentamentos das incompletudes das Opções estará exatamente na estrita observância do que foi pactuado e nas legítimas expectativas produzidas no momento da contratação preliminar. Qualquer intenção de se frustrar o caráter da álea negociada na formação do Contrato de Opção configurará golpe de morte ao referido instituto contratual, daí o porquê de não se admitir incidência de regras revisionistas que compensem lucros ou prejuízos, imprevisões ou que busquem equilibrar a economicidade das prestações, ainda mais por ser a Opção um contrato unilateral (produz obrigação somente para o proponente) e aleatório. Mais uma vez, esclarece-se que o conteúdo econômico do contrato a ser firmado não interessará para fins de validade do contrato preliminar se for exercido o direito de contratar no prazo fixado ou razoavelmente assinado (conforme dispõe o texto do Código Civil) e mediante pagamento do preço de exercício. Assim visto, o jurista deve ficar atento à essência do Contrato de Opção, corrigindo suas incompletudes sempre com o propósito de preservar os interesses que justificam a própria existência desse importante tipo contratual.

10

REFERÊNCIAS

ALEXY, Robert; VALDÉS, Ernesto Garzón (Org.). Conceito e validade do direito. Trad. Gercélia Batista de Oliveira Mendes. São Paulo: Martins Fontes, 2009.

ARAÚJO, Fernando. Análise econômica do direito – Programa e guia de estudo. Lisboa: Almedina, 2008.

ARAÚJO, Fernando. Teoria econômica do contrato. Coimbra: Almedina, 2007.

AZEVEDO, Antônio Junqueira de. Novos estudos e pareceres de direito privado. São Paulo: Saraiva, 2009.

BACON, Francis. Ensaio sobre moral e política. Trad. Edsob Bini. Bauru: Edipro, 2001.

BANDEIRA, Paula Greco. Os contratos de derivativos e a teoria da imprevisão. In: TEPEDINO, Gustavo; FACHIN, Luiz Edson (Org.). Obrigações e contratos: contratos: formação e regime. Revista dos Tribunais – 100 anos. São Paulo: Revista dos Tribunais, 2011.

BARROSO, Luis Roberto. A segurança jurídica na era da velocidade e do pragmatismo. Revista do Instituto dos Advogados Brasileiros, n. 94, 2000. Disponível em: <www.iabnacional.org.br>. Acesso em: 20 fev. 2007.

BAUMAN, Zygmunt. O mal-estar da pós-modernidade. Trad. Mauro Gama, Cláudia Martinelli Gama. Rio de Janeiro: Jorge Zahar, 1998.

BERLIN, Isaiah; HARDY, Henry (Org.). A força das ideias. Trad. Rosaura Eichenberg. São Paulo: Companhia das Letras, 2005.

BIERWAGEN, Mônica Yoshizato. Princípios e regras de interpretação dos contratos no novo Código Civil. 2. ed. São Paulo: Saraiva, 2003.

BITTAR FILHO, Carlos Alberto. Teoria da imprevisão, dos poderes o juiz. São Paulo: Revista dos Tribunais, 1993.

BITTAR FILHO, Carlos Alberto. Teoria da imprevisão, dos poderes o juiz. In: BIERWAGE, Mônica Yoshizato. Princípios e regras de interpretação dos contratos no novo Código Civil. 2. ed.. São Paulo: Saraiva, 2003.

BOBBIO, Norberto. *Teoria do ordenamento jurídico*. 6. ed. Brasília: UNB, 1995.

BORICHELO, Fernando. *Teoria dos jogos*. Disponível em: <http://www.teoriadosjogos.net/list-trechos.asp?. *id=24*>. Acesso em: 23 abr. 2011.

BRANCO, Luiz Carlos. *Equidade, proporcionalidade e razoabilidade*: doutrina e jurisprudência. 2. ed. Campinas: Millennium, 2012.

CALAMARI, John; D. PERILLO, Joseph M. *Contracts*. 5. ed., St. Paul, MN: Thompson, 2003.

CARNEIRO, Athos de Gusmão. O contrato de leasing financeiro e as ações revisionais. *Revista dos Tribunais*, São Paulo, v. 742.

CARNELUTTI, Francesco. *Teoria generale del diritto*. 2. ed. Roma: Foro Italiano, 1946.

CARVALHO, José Augusto Moreira de. *Introdução à teoria dos jogos no direito*. Direito Empresarial: falimentar e recuperação empresarial. São Paulo: Revista dos Tribunais, 2011.

CARVALHO, José Augusto Moreira de. Introdução à teoria dos jogos no direito. Direito Empresarial: falimentar e recuperação empresarial. *In*: WALD, Arnaldo (Org.). *Dicionário de economia e administração*. Os economistas. São Paulo: Nova Cultura, 1996.

CARVALHO, Orlando de. *Escritos páginas de direito I*. Coimbra: Edições Globo, 1998.

CARVALHO DE MENDONÇA, Manuel Inácio. *Doutrina e prática das obrigações*. 4. ed. Rio de Janeiro: Forense, 1956, t. II.

CAUSSE, Herve. *Les titres négociables*. Paris: Litec, 1993.

COLLART-DUTILLEUL, François; DELEBECQUE, Philippe. *Contrats civils et commerciaux*. 5. ed. Paris: Dalloz, 2001.

CONDILLAC, Étienne de. *Tratado das sensações*. Tradução Denise Nottman. Campinas: Unicamp, 1993.

CORDEIRO, António Manuel da Rocha e Menezes. *Da boa-fé no direito civil*. 2. reimp. Coimbra: Almedina, 2001.

CRUZ, Álvaro Ricardo de Souza. *A resposta correta* – Incursões jurídicas e filosóficas sobre as teorias da Justiça. Belo Horizonte: Arraes, 2011.

CUNHA, Ricarlos Almagro Vitoriano. *Segurança jurídica e crise no direito*. Belo Horizonte: Arraes, 2011.

DEPARTAMENTO de Administração. Série de Working Papers. Disponível em: <www.ead.fea.usp.br/wpapers/index.htm>. Acesso em: 23 abr. 2011.

DERZI, Misabel Abreu Machado. *Modificações da jurisprudência no direito tributário.* São Paulo: Noeses, 2009.

DIMOULIS, Dimitri. Positivismo jurídico: introdução a uma teoria do direito e defesa do pragmatismo jurídico-político. *In*: CUNHA, Ricarlos Almagro Vitoriano. *Segurança jurídica e crise no direito*. Belo Horizonte: Arraes, 2011, v. 1.

DUARTE, Ronnie Preuss. Boa-fé, abuso de direito e o novo Código Civil brasileiro. *Revista dos Tribunais*, v. 817, nov. 2003.

DWORKIN, Ronald. *Uma questão de princípio*. 2. ed. Trad. Luís Borges. São Paulo: Martins Fontes, 2005.

EIZIRIK, Nelson; GAAL, Ariádna B.; PARENTE, Flávia; HENRIQUES, Marcus de Freitas. *Mercado de capitais:* regime jurídico. 3. ed. Rio de Janeiro: Renovar, 2011.

FERNANDES, Dinorá Carla de Oliveira Rocha. Opção de compra de ações como mecanismo de remuneração estratégica e suas repercussões nos benefícios previdenciários. *In*: FERNANDES, Jean Carlos; NASSIF, Gustavo Costa (Coord.). *Tópicos especiais de direito público e privado.* Rio de Janeiro: Lumen Juris, 2011.

FERRAZ JÚNIOR, Tércio Sampaio. Do negócio jurídico de distribuição de prêmios mediante sorteio a título de propaganda comercial. *In*: CASTRO, Rodrigo Rocha Monteiro de; WARDE JÚNIOR, Walfrido Jorge; GUERREIRO, Carolina Dias Tavares (Coord.). *Direito empresarial e outros estudos em homenagem ao Professor José Alexandre Tavares Guerreiro*. São Paulo: Quartier Latin, 2013.

FERREIRA, Aurélio Buarque de Hollanda. *Pequeno dicionário brasileiro da língua portuguesa.* 11. ed. São Paulo: Nacional, 1973.

FIRMO, Osvaldo Oliveira Araújo. *Direito aplicado*: vivências judiciárias de conflitos coletivos agrários em Minas Gerais. Brasília: MDA, 2009.

FLOCKER, Michael. *Manual do hedonista.* Rio de Janeiro: Rocco, 1963.

FORGIONI, Paula A. *Contrato de distribuição.* 2. ed. São Paulo: Revista dos Tribunais, 2008.

FOUCAULT, Michel. *Vigiar e punir:* nascimento da prisão. Trad. Raquel Ramalhete. 39. ed. Petrópolis, RJ: Vozes, 2011.

FRITZ, Karina Nunes. Contratos: formação e regime. *In:* TEPEDINO, Gustavo; FACHIN, Luiz Edson (Org.). São Paulo: Revista dos Tribunais, 2011. (Coleção Doutrinas Essenciais).

GIRINO, Emilio. *I contratti derivati*. Miliano: Giuffrè, 2001.

GOMES, Orlando. *Contratos.* 26. ed. Rio de Janeiro: Forense, 2008.

GRAU, Eros Roberto. *O direito posto e o direito pressuposto.* São Paulo: Malheiros. 1996.

GREENSPAN, Alan. Stock Option and Related Matters. *In:* WALD, Arnoldo (Coord.). *Direito empresarial*: sociedades anônimas. São Paulo: Revista dos Tribunais, 2011.

HABERMAS, Jurgen. *Direito e democracia:* entre facticidade e validade. Trad. Flávio Siebeneichler. 2. ed. Rio de Janeiro: Tempo Brasileiro, 2012, v. I.

HERVADA, Javier. *Lições propedêuticas de direito.* São Paulo: Martins Fontes, 2008.

HERVADA, Javier. *O que é direito.* São Paulo: Martins Fontes, 2008.

LEÃES, Luiz Gastão Paes de Barros; WALD, Arnoldo (Coord.). A onerosidade excessiva no Código Civil. Doutrinas especiais. *Revista dos Tribunais* – 100 anos. São Paulo: Revista dos Tribunais, 2011, v. IV.

LEÃES, Luiz Gastão Paes de Barros. *Pareceres.* São Paulo, 2004, v. II.

LEÃES, Luiz Gastão Paes de Barros. A álea normal do contrato e o momento do exercício das opções. *In*: WALD, Arnoldo (Coord.). *Direito empresarial*: sociedades anônimas. São Paulo: Revista dos Tribunais, 2011.

MACHADO DE ASSIS, Joaquim Maria. Os dois horizontes. *In: Crisálidas.* Rio de Janeiro: Nova Aguilar, 1994, v. III.

MALAURIE, Philippe; AYNÈS, Laurent; GAUTIER, Pierre-Yves. *Cours de Droit Civil.* Contrats spéciaux. 14. ed. Paris: LGDJ, 2002.

MALAURIE, Philippe; AYNÈS, Laurent. *Cours de droit civil.* Les Obligations, 2. Le contrat. 11. ed., Paris: Cujas, 2002.

MARQUES, Cláudia Lima. *Contratos no Código de Defesa do Consumidor.* 3. ed. São Paulo: Revista dos Tribunais, 1999.

MARTINS-COSTA, Judith. O direito privado como um sistema em construção – As cláusulas gerais no projeto do Código Civil brasileiro. *Revista dos Tribunais,* São Paulo, v. 753, 1988.

MATOS, Alan Kardec Veloso de; ALVARENGA, José Eduardo de. A bolsa de mercadorias e futuros. *In*: QUEIROZ, José Eduardo Lopes; SANTOS, Márcia Walkíria Batista dos (Coord.). *Direito do agronegócio*. 2. ed. ampl. Belo Horizonte: Fórum, 2011.

MIRANDA, Custódio da Piedade Ubaldino. Negócio jurídico indireto e negócios fiduciários. *Revista de Direito Civil, Imobiliário, Agrário e Empresarial,* n. 29, jan./mar. 1984.

MOLIÈRE, Jean-Baptiste Poquelin. *O tartufo ou o impostor.* Tradução de Jean Melville. São Paulo: Martin Claret, 2005.

MONTEIRO, Washington de Barros. *Curso de direito civil.* Direito das obrigações. São Paulo: Saraiva, 2011.

NEVES, José Roberto de Castro. *Medida por medida*: o direito em Shakspeare. Rio de Janeiro: GZ, 2013.

NEVES, José Roberto de Castro. *Uma introdução ao direito civil* – parte geral. 2. ed. Rio de Janeiro: Forense, 2007.

NEVES, José Roberto de Castro. *Direito das obrigações:* parte geral. Rio de Janeiro: GZ, 2009.

PEREIRA, Caio Mário da Silva. *Instituições de direito civil.* 11. ed. Rio de Janeiro: Forense, 2003, v. III.

PEREIRA, Caio Mário da Silva. *Instituições de direito civil.* Rio de Janeiro: Forense, 2006.

PEREIRA, Regis Fitchner. *A fraude à lei.* Rio de Janeiro: Renovar, 1994.

PERES, Tatiana Bonatti. *Opção de compra.* Curitiba: Juruá, 2011.

PICAZO, Luiz Diéz. Prólogo de "El princípio general de la buena *fé*" de Franz Wiacker. *In:* AGUIAR JÚNIOR, Ruy Rosado de. *A extinção dos contratos por incumprimento do devedor* – resolução. Rio de Janeiro: Aide, 1991.

PIEPER, Josef. *Que é filosofar?* São Paulo: Loyola, 2007.

PONTES DE MIRANDA. *Tratado de direito privado.* Campinas: Bookseller, 2005, t. 38.

POSNER, Richard A. *A economia da justiça.* Trad. Evandro Ferreira e Silva. São Paulo: Martins Fontes, 2010.

POSNER, Richard A. *Fronteiras da teoria do direito.* Trad. Evandro Ferreira e Silva, Jefferson Luiz Camargo, Paulo Sales e Pedro Sette Câmara. São Paulo: Martins Fontes, 2011.

QUEIROZ, João Eduardo Lopes; SANTOS, Márcia Walquíria Batista dos. *Direito do agronegócio.* Belo Horizonte: Fórum, 2011.

RODRIGUES, Silvio. *Direito civil.* Dos contratos e das declarações unilaterais de vontade. 26. ed. São Paulo: Saraiva. 1999, v. 3.

ROSENVALD, Nelson; PELUSO, Cezar (Coord.). *Código Civil comentado*: doutrina e jurisprudência. Lei n. 10.406, de 10.01.2002: contém o Código Civil de 1916. 3. ed. Barueri, SP: Manole, 2009.

SAAD, Ricardo Nacim. *Representação comercial.* São Paulo: Saraiva, 2003.

SANDEL, Michael J. *Justiça* – o que é fazer a coisa certa. Trad. Heloisa Matias e Maria Alice Máximo. 6. ed. Rio de Janeiro: Civilização Brasileira, 2012.

SANTOS, Boaventura de Sousa. *Pela mão de Alice*: o social e o político na pós-modernidade. 13 ed. São Paulo: Cortez, 2010.

SAVIGNY, F. C. Sistema del diritto romano attuale. *In:* BOBBIO, Norberto. *Teoria do ordenamento jurídico.* 6. ed. Brasília: UNB, 1995.

SCHREIBER, Anderson. *A proibição do comportamento contraditório.* Rio de Janeiro: Renovar, 2005.

SZTAJN, Raquel. Direito e economia dos contratos. Os conceitos fundamentais. *In*: VERÇOSA, Haroldo Malheiros Duclerc. *Curso de direito comercial.* Fundamentos da teoria geral dos contratos. São Paulo: Malheiros, 2011, v. 4, t. I.

TEPEDINO, Gustavo. Novos princípios contratuais e teoria da confiança: a exegese da cláusula *to the best knowledge of the sellers. Revista Forense,* Rio de Janeiro, v. 377, p. 237-254, 2005.

TEPEDINO, Gustavo. *Temas de direito civil.* São Paulo: Renovar, 2009, t. III.

TEPEDINO, Gustavo; BARBOZA, Heloisa Helena; MORAES, Maria Celina Bodin de. *Código interpretado conforme a Constituição da República.* Arts. 421 a 965. 2. ed. Rio de Janeiro: Renovar, 2012.

TEPEDINO, Gustavo; BARBOZA, Heloisa Helena; MORAES, Maria Celina Bodin de. *Código interpretado conforme a Constituição da República.* Rio de Janeiro: Renovar, 2006, v. II.

TEPEDINO, Gustavo; BARBOZA, Heloisa Helena; MORAES, Maria Celina Bodin de. *Novo Código Civil interpretado.* 2. ed. Rio de Janeiro: Renovar, 2007, v. 1.

TEPEDINO, Gustavo; FACHIN, Luiz Edson (Org.). *Obrigações e contratos*: contratos: formação e regime. São Paulo: Revista dos Tribunais, 2011, v. 6.

TRIGINELLI, Wânia do Carmo de Carvalho. *Conversão de negócio jurídico.* Belo Horizonte: Del Rey, 2003.

VENOSA, Sílvio de Salvo. Direito civil. 3. ed. São Paulo: Atlas, 2003, v. II.

VERÇOSA, Haroldo Malheiros Duclerc. *Curso de direito comercial 4.* Fundamentos da teoria geral dos contratos. São Paulo: Malheiros, 2011, v. 4, t. I.

VIEIRA, Antônio. *Sermões do Padre Antônio Vieira* – Seleções. Porto Alegre: L&PM, 2007.

VILLEY, Michel. *Filosofia do direito.* São Paulo: Martins Fontes, 2008.

WALD, Arnaldo. A introdução ao *leasing* no Brasil. *Revista dos Tribunais,* São Paulo, v. 415, 2011.

ANEXO I

CONTRATO DE OPÇÃO – MODELOS DE APLICAÇÕES PRÁTICAS

COMO PARTE DE ACORDO DE ACIONISTAS.

CLÁUSULA X – DA PUT OPTION (OPÇÃO DE VENDA) E DA *CALL OPTION* (OPÇÃO DE COMPRA) E DO PLANO *STOCK OPTION*

X.1 Em caso de ser exercido o direito de vender, erigido do contrato de Opção de Venda de Ações outorgada pelo BLOCO DE CONTROLE a qualquer ACIONISTA, os demais ACIONISTAS, desde já, aquiescem ao exercício do direito potestativo de o CREDOR ACIONISTA da Opção (*PUT*) vender ao BLOCO DE CONTROLE, independente de qualquer outro ato de manifestação dos demais ACIONISTAS, que renunciam à eventual preferência ou qualquer exceção pessoal ou oposição em relação a esta.

X.2 O BLOCO DE CONTROLE outorga aos DEMAIS ACIONISTAS subscritores deste ACORDO OPÇÃO DE VENDA DE SUAS AÇÕES, nos termos do art. 466 do Código Civil de 2002, observando os seguintes elementos, tais como: prazo de exercício (por *lockup*), critério para fixação do preço de exercício (*strike price*) e objeto do contrato definitivo de venda das ações, conforme segue:

PRAZO DE EXERCÍCIO	OBJETO DA PUT Lote A	OBJETO DA PUT Lote B
Após 5 anos	35% DAS AÇÕES	65% DAS AÇÕES
Após 10 anos	70% DAS AÇÕES	30% DAS AÇÕES
Após 15 anos	100% DAS AÇÕES	00% DAS AÇÕES

2.3 O prazo de exercício terá como termo inicial (*"dies ad quem"*) a data do primeiro vínculo de duração com qualquer das empresas do Grupo xxxxxx, diretamente ou através de Pessoa Jurídica da qual fez parte, que tenha prestado serviços não eventuais às empresas do Grupo xxxxxxx, de acordo com lista elaborada pela Companhia, contendo mês e ano de ligação da pessoa com a empresa.

2.4 O preço de exercício do lote A será * EBITDA[1]x 5 ÷ nº total de ações do capital x número de ações contempladas no objeto da *PUT*.

2.5 O preço de exercício do lote B será sempre equivalente a 0,01% da EBITDA÷ nº total de ações do capital x número de ações contempladas no objeto da *PUT*, garantindo-se o preço proporcional das ações em relação ao PL.

2.6 A EBITDA a ser considerada será a média simples do valor absoluto dos últimos 2 (dois) exercícios.

2.7 O pagamento do preço de exercício pelo BLOCO DE CONTROLE ao ACIONISTA credor da *PUT* deverá ser realizada em 3 (três) parcelas corrigidas pelo IPCA, com vencimento em 90 (noventa), 210 (duzentos e dez) e 360 (trezentos e sessenta) dias contados da data de exercício.

2.8 Observada a escala do prazo de exercício, o ACIONISTA credor da *Put* pode vender parte das ações, se assim lhe convier.

2.9 O exercício da *Put Option*, sob contexto de *good liver*, ou seja, quando se deixa a SOCIEDADE em condições normais, sem atritos societários erigidos de improbidades, implicará no recebimento do preço de exercício normal, sem qualquer diminuição de valor.

2.10 O exercício da *Put Option*, sob contexto de *bad leaver*, ou seja, quando se deixa a SOCIEDADE em condições anormais, em cenário de atritos societários erigidos por improbidades imputadas ao credor da *Put Options*, o valor do preço de exercício será tão somente proporcional ao patrimônio líquido (PL).

2.11 A fim de permitir aquisições de novas ações por parte dos DEMAIS ACIONISTAS, compromete-se o BLOCO DE CONTROLE a deliberar no sentido de aumentar o capital social da SOCIEDADE,

---

[1] "Earnings Before Interest, Taxes, Depreciation and Amortization" (Lucros antes de juros, impostos, depreciação e amortização).

de modo que, atendidas às condições fixadas em política interna de *STOCK OPTION* (OPÇÃO DE COMPRA OUTORGADA A FAVOR DE ACIONISTAS), possam os DEMAIS ACIONISTAS subscrever e integralizar novas ações, de mesma natureza daquelas de sua respectiva titularidade, cujo preço de exercício corresponderá a 0,01% do valor da EBTIDA dividido pelo número total de ações, multiplicado pelo valor das ações adquiridas.

2.12 O direito da *STOCK OPTION* não poderá ser exercido por herdeiros ou sucessores do ACIONISTA.

CLÁUSULA TERCEIRA – DA *CALL OPTION* – OPÇÃO DE COMPRA OUTORGADA PELO ACIONISTA A FAVOR DOS ACIONISTAS DO BLOCO DE CONTROLE

3.1 Em caso de ser exercido o direito de comprar erigido de contrato de Opção de Compra de Ações pelos ACIONISTAS DO BLOCO DE CONTROLE, os DEMAIS ACIONISTAS, desde já, aquiescem ao exercício do direito potestativo daqueles comprarem, independente de qualquer outro ato de manifestação, desde já renunciando à eventual preferência ou qualquer exceção pessoal ou oposição em relação à compra.

3.2 Os DEMAIS ACIONISTAS subscritores deste ACORDO outorgam opção de compra da totalidade de suas ações a favor dos ACIONISTAS DO BLOCO DE CONTROLE, nos termos do art. 466 do Código Civil de 2002, pela qual se confere a estes o direito de comprar, mediante os seguintes elementos: prazo de exercício de 48 (quarenta e oito) meses, preço de exercício (*strike price*) de acordo com os itens 2.4 e 2.5 deste ACORDO.

3.3 O pagamento do preço de exercício, na hipótese do item 3.2, deverá ser realizado em 3 (três) parcelas iguais a serem pagas em 30 (trinta), 60 (sessenta) e 90 (noventa) dias, contados da data de exercício.

3.4 O exercício não poderá ser parcial, impondo a compra simultânea de todas as ações do ACIONISTA devedor da *CALL*.

3.5 Fica avençado que, em caso de *bad leaver*, ou seja, de circunstâncias anormais que justifiquem a exclusão de acionista, o valor do preço de exercício será proporcional ao Patrimônio Líquido (PL) da SOCIEDADE, podendo ser exercida a *Call* pelos ACIONISTAS DO BLOCO DE CONTROLE.

3.5.1 A configuração da *bad leaver* será através de AGE – Assembleia Geral Extraordinária especialmente convocada para este fim, com prazo de convocação não inferior a 15 (quinze) dias, cujas circunstâncias tipificadoras podem ser caracterizadas pelos atos abaixo declinados, exemplificativamente, sem prejuízo de outros:

a) revelação de informações confidenciais ou de interesse estratégico para a SOCIEDADE;

b) retenção de informações de interesse estratégico para a SOCIEDADE;

c) práticas de concorrência com a própria SOCIEDADE, por vias diretas ou indiretas;

d)............

3.5.1.1 O ACIONISTA indigitado como responsável pelo ato de improbidade ou nocividade para a SOCIEDADE deverá ser notificado a comparecer à AGE, onde poderá realizar sua defesa, inclusive nomear advogado para o assistir.

3.5.2 OS ACIONISTAS DO BLOCO DE CONTROLE, credores da *Call*, terão o prazo de 15 (quinze) dias, contados da decisão que entender pela contexto de *bad leaver* para exercer o direito de comprar e pagar o preço de exercício.

ANEXO II

CONTRATO PRELIMINAR UNILATERAL DE OPÇÃO DE COMPRA (ART. 466 DO CÓDIGO CIVIL)

(TODAS AS PARTES DEVEDORAS E RESPECTIVAS QUALIFICAÇÕES), doravante denominados PROPONENTES, e, de outro lado, (TODAS AS PARTES CREDORAS E RESPECTIVAS QUALIFICAÇÕES), doravante denominados OBLATOS, firmam o presente Contrato Preliminar Unilateral de Opção de Compra, previsto no art. 466 do Código Civil Brasileiro, nos seguintes termos:

1. Objeto

1.1. Os proponentes, nos termos dos artigos 427, 428 e 466 do Código Civil, firmam a presente OPÇÃO DE COMPRA, de modo que, exercido o direito potestativo de comprar pelos OBLATOS, no prazo de (XX DIAS, MESES OU ANOS) obrigam-se os PROPONENTES, de forma irrevogável e irretratável, a vender, pelo preço de exercício (*strike price)* os imóveis (IDENTIFICAR OS IMÓVEIS).

2. Preço de exercício e forma de pagamento

2.1. O preço de exercício (*strike price*) é de R$ XXXXXXX (XXXXXXXXXXXXXX), por hectare a ser pago em X (XXXXXXXXXXXXXX) parcelas, sendo um sinal (arras) no valor correspondente a 20% (vinte por cento) do preço total das áreas e 4 (quatro) prestações anuais, iguais e sucessivas, com vencimento a partir da data do pagamento do sinal.

2.2. O pagamento do sinal será em até 30 (trinta) dias contados da data do exercício do direito de comprar, através de depósito em conta corrente a ser indicada pelos proponentes.

2.3. Os demais vencimentos serão sucessivamente vencíveis no mesmo dia e mês do ano seguinte à data do pagamento do sinal.

3. Prazo de exercício

3.1. Os OBLATOS poderão exercer o direito de compra em até XX (XXX) DIAS, MESES ou ANOS, a contar da assinatura do presente instrumento, mediante envio de correspondência via SEDEX ou outro meio sucedâneo, de mesma eficiência, devendo a missiva ser enviada pelos OBLATOS aos PROPONENTES até o termo final aqui fixado, ficando resolvido o presente contrato, sem ônus para as partes, caso não seja exercido o direito de compra dentro do prazo assinalado.

3.2. O endereço para encaminhamento do ato de formalização do exercício de compra é: Rua ______________, nº _______, Bairro _____________, CIDADE – ESTADO, CEP _________.

4. Irretratabilidade por parte dos proponentes

4.1. O presente Contrato Preliminar Unilateral de Opção de Compra é celebrado em caráter irretratável, subsistindo em relação a todos eventuais herdeiros e sucessores.

5. Suscetibilidade de cessão de direito

5.1. Fica reservado aos OBLATOS o direito de ceder tanto os direitos que emergem do Contrato Preliminar Unilateral de Opção quanto aqueles direitos que eventualmente surgirão do contrato definitivo de compra e venda, persistindo, contudo, de forma solidária, as responsabilidades do OBLATO CESSIONÁRIO, assim como deveres e obrigações assumidas perante os PROPONENTES.

5.2. Fica convencionado que, por ensejo da outorga da escritura definitiva, poderá ser indicada terceira pessoa, que passará a se sub-rogar nos direitos, deveres e obrigações afetas aos OBLATOS que, por sua vez, permanecerão solidários quanto aos deveres e obrigações, frente aos PROPONENTES.

6. Cláusula Arbitral

6.1. As partes acordam que toda e qualquer controvérsia originada ou em conexão com o presente contrato será resolvida de forma definitiva, por Arbitragem, a ser administrada pela XXXXXXXXXXXXXXXXXX, de acordo com às normas de seu Regulamento de Arbitragem, por três árbitros, nomeados na forma do referido Regulamento. A arbitragem terá sede na cidade de xxxxxxxxxxxxxx, e estará sujeita às leis do Brasil e será conduzida no idioma português.

7. Foro

7.1. Não obstante a arbitragem ter foro na cidade de xxxxxxxxxx – xx, as partes elegem o foro de xxxxxxxx – xx para execução da decisão arbitral, assim como para quaisquer questionamentos que recaírem sobre a arbitragem.

Por estarem assim justas e contratadas, assinam o presente instrumento em duas vias de igual teor e forma.

CIDADE _________ de _________________ de 2014.

PROPONENTES:

____

____

OBLATOS:

____

____

Testemunhas:

1.___________________________________

Nome

CPF

Endereço

2.___________________________________

Nome

CPF

Endereço

ANEXO III

CONTRATO DE REUNIÃO DE RECURSOS FINANCEIROS E DE PREPARAÇÃO DE ATOS FESTIVOS DE FORMATURA (A OPÇÃO ESTÁ NO ITEM 11)

1. Força vinculante coativa

1.1. Todos os signatários que firmam o presente contrato atípico se obrigam reciprocamente, sendo, portanto, partes legítimas para reivindicarem de qualquer um firmatário o cumprimento das obrigações aqui assumidas, seja por iniciativa conjunta ou isolada.

2. Objeto

2.1. Constitui objeto do presente contrato fixar obrigações e diretrizes de custeio para os atos festivos de formatura do curso de xxxxxxxxxxxx, da UNIVERSIDADE XXXXXXXXXXXXXXX.

2.2. Todos os signatários se comprometem de maneira integral, não podendo fazer ressalvas quanto aos meios eleitos para amealhar recursos, que consistirão no pagamento de valor fixo mensal e, ainda, parte variável por via de receitas oriundas de rifas, vendas de objetos, bolões, eventos festivos, festivais, vouchers diversos etc.

2.3. O valor fixo mensal será de R$ XXXXXXX(XXXXXXXX reais) e a parte variável não poderá ultrapassar R$ XXXXXX (XXXXXXXX reais) mensais, ficando, desde já, outorgada à Comissão de Formatura o direito de deliberar sobre a forma de composição da receita variável.

3. Comissão de Formatura

3.1. Ficam eleitos os seguintes membros como integrantes da Comissão de Formatura:

______________________________, presidente

______________________________, vice-presidente

______________________________, tesoureiro

______________________________, tesoureiro

3.2. Assumem como depositários das receitas os membros tesoureiros, devendo ser aberta conta poupança conjunta, com a cláusula "e" para movimentação.

3.2.1 A conta corrente para depósito foi aberta, conforme cláusula anterior, no BancoXXXXXXXXXXX, em nome das tesoureiras XXXXXXXXXXXX eXXXXXXXXXXXXXXXX.

3.2.2 Dados do banco para depósito:

3.3. Os atos festivos contarão com confecção de convites para a colação de grau, missa, foto e filmagem, a própria colação e o baile entre formandos e familiares.

4. Vigência

4.1. O presente contrato vigorará pelo período necessário para quitação de todas as obrigações.

5. Vencimento

5.1. O vencimento das prestações mensais será todo dia XX (XXXXXXX), a partir do dia XX de XXXXX de 201X, abrangendo a totalidade dos valores, ou seja, a parte fixa e a parte variável.

6. Adesão e Luvas

6.1. Após a data de XX de XXXXX de 201X, a adesão ao presente contrato implicará no dever de pagar o valor equivalente ao somatório da contribuição individual, consistindo na parte fixa e na parte variável, devidamente corrigidas conforme cláusula 8.1, acrescidas de luvas, estas fixadas no valor equivalente a 20% (vinte por cento) sobre o valor do somatório corrigido nos termos deste dispositivo.

6.2. A adesão será admitida até XX de XXXXXXX de 201X.

7. Desligamento

7.1. O desligamento, que poderá ocorrer até XX de janeiro de 201X, implicará no direito de receber apenas 50% (cinquenta por cento) dos valores fixos, nominais, que tiver efetivamente pago, não fazendo jus a qualquer devolução da parte variável.

7.2. Após XX de janeiro de 201X, o desligamento importará em renúncia a todo e qualquer direito a devolução de valores.

7.3. O desligamento deverá ser manifestado através de documento escrito, acrescido do pagamento de todas as parcelas fixas e variáveis em aberto, reputando-se inválida e ineficaz a tentativa de se desligar, caso não atendidas as condições aqui pactuadas.

7.4. A fim de evitar frustração de expectativas de receitas, o desligamento deverá ser formalizado, bem como cumpridas as condições, no prazo mínimo de 15 (quinze) dias antes do vencimento da obrigação do mês corrente.

7.5. A devolução de valores por desligamento será condicionada à existência de disponibilidades financeiras líquidas, livres de destinações já contratadas.

8. Penalidades por atrasos e correção monetária

8.1. O atraso no pagamento das parcelas implicará na multa de 2% (dois por cento) ao mês, acrescido de juros de mora de 2% (dois por cento) ao mês e correção monetária pela variação positiva do IGP-M (FGV).

9. Participação restrita à missa, colação, fotos e filmagem

9.1. Aqueles que pretenderem participar apenas da missa, colação, foto e filmagem deverão pagar 100% (cem por cento) do valor fixo e da parte variável, sendo que, acaso se pretenda migrar de uma modalidade para outra (com participação no baile), o valor a pagar da diferença deverá ser completada, concomitantemente à opção de migração, corrigida monetariamente, conforme cláusula 11.2, e com acréscimo de 20% (vinte por cento) sobre o valor da diferença.

10. Participação total nos eventos, incluindo baile

10.1. Aqueles que pretenderem participar da missa, colação, foto, filmagem e baile deverão pagar 100% (cem por cento) do valor fixo e da parte variável, sendo que, ficam condicionados aportes extras a serem definidos posteriormente quando do fechamento dos gastos totais do baile.

11. Contratação a ser exercida até xx de xxxxxxxx de 201x

11.1 Para que se tenha o direito de contratar até a data de xx de xxxx de 201x, o interessado deverá pagar neste ato o prêmio de R$ XXXX,00 (XXXXXX reais), cujo não exercício implicará em sua perda integral.

11.2 Caso seja exercido o direito de contratar no prazo assinalado, o valor do prêmio será abatido, nominalmente, sem acréscimos, no valor a ser pago pelo interessado com todos os acréscimos, contados da data do vencimento periódico, abrangendo juros de mora de 2% (dois por cento) ao mês e correção monetária pela variação positiva do IGP-M (FGV), mais taxa de risco no importe de 5% sobre todo o saldo a ser pago.

11.3 O valor total a ser aportado em XX de XXXXXXX de 201X será de R$ XXXXXXXXXXX(XXXXXXXXXXXXXXXXXXXXXX), deduzido o valor nominal de R$ XXXX (XXXXXXXXXXXXXXX) pagos a título de prêmio. O aporte final será de R$ XXXXXXXXX (XXXXXXXXXXXXXX).

11.4 O exercício do direito de contratar implicará na automática e indissociável obrigação de contribuir com a parte variável que comporá a base de cálculo para a incidência de todos os acessórios que compõem o valor total a ser aportado, considerando as correções da cláusula 11.2, da data em que seria exigido seu pagamento.

12. Foro e extensão da responsabilidade

12.1. Para dirimir quaisquer conflitos provenientes deste contrato, elege-se o foro de XXXXXXXXXXXXXX – MG.

12.2. O presente contrato obriga as partes, seus herdeiros e sucessores.

Por estarem justos e contratados, os subscritores abaixo assinam, nas datas respectivas, para que se produzam os jurídicos e legais efeitos:

Assinatura:______________________________,_________(LUGAR), em ____/___/____.

Nome: ___________________________________

CPF: ____________________ ( ) com baile ( ) sem baile

Endereço: ______________________________________

Assinatura:__________________, ________(LUGAR), em __/__/__.

Nome: ___________________________________

CPF: ________________ ( ) com baile ( ) sem baile

Endereço: ____________________________

Testemunhas:

ANEXO IV – Fluxogramas *Call* e *Put*

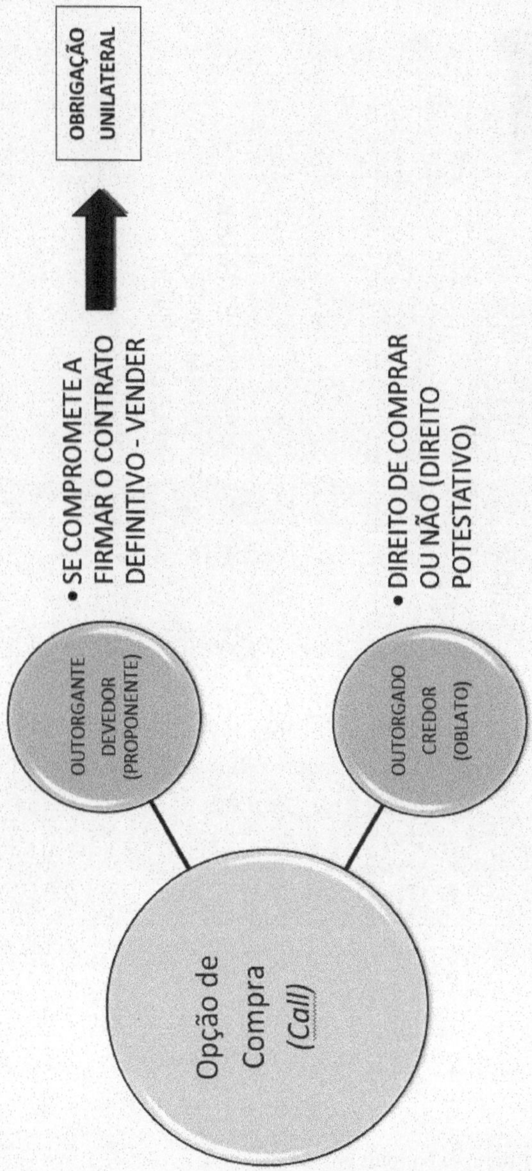

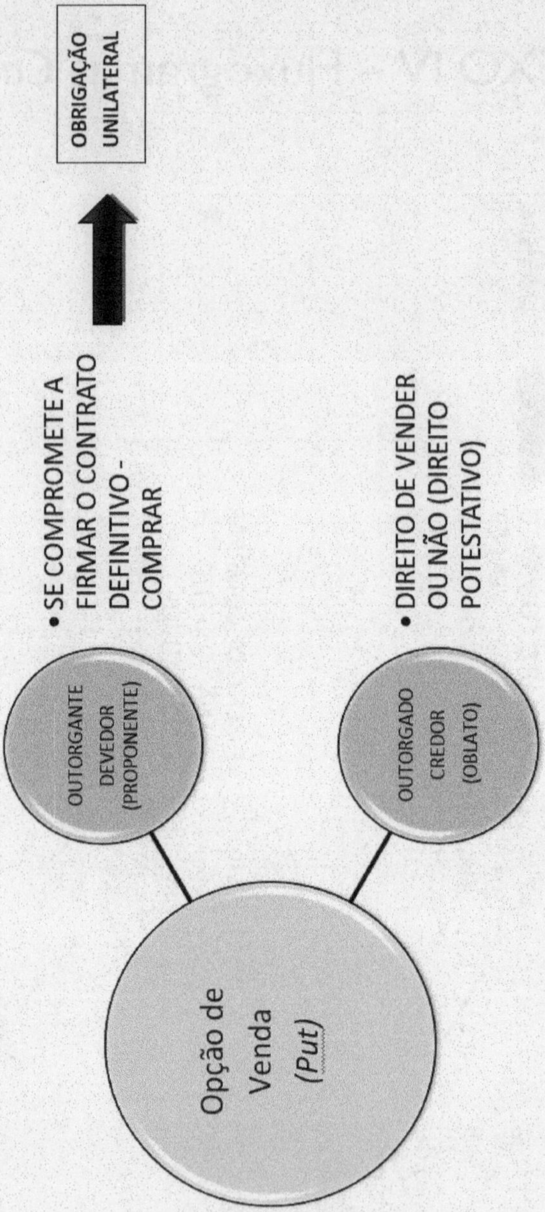

Impresso em outubro de 2015